组织银行业百佳、千佳及星级品牌网点颁奖活动掠影

中国银行业协会服务总监周永发宣读"中国银行业文明规范服务百佳示范单位"及星级网点等先进单位和个人的表彰决定

周永发总监为中国银行业文明规范服务百佳示范单位颁奖并合影留念

周永发总监为中国银行业文明规范服务"明星大堂经理"颁奖并合影留念

组织银行业百佳、千佳及星级品牌网点颁奖活动掠影

周永发总监宣读"中国银行业文明规范服务千佳示范单位"等先进单位的表彰决定

周永发总监为中国银行业文明规范服务千佳示范单位颁奖

周永发总监与获奖的千佳示范单位合影留念

组织开展行业品牌网点标准制定、考评验收等工作掠影

2011年，周永发副秘书长组织由各行服务专家组成的自律工作委员会议，讨论百佳、千佳及星级网点创建考评标准修订。审议"百佳示范单位"名单和星级网点名单等

周永发副秘书长就考评标准征求中残联代表意见。就百佳、千佳及星级网点创建标准执行情况，以及申报百佳、千佳及星级网点情况深入网点认真考评

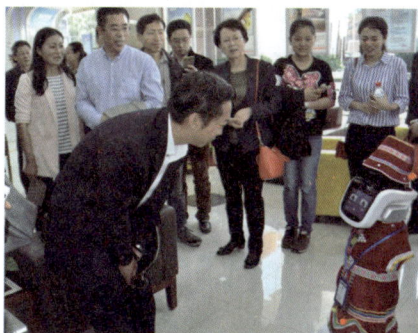

组织营业网点百佳、千佳及星级品牌网点创建标准解读培训掠影

周永发副秘书长在中国银行业协会培训中心就百佳、千佳及星级网点创建标准给学员们进行详细解读培训

培训会场座无虚席，学员们不时用手机及时抓拍下想要的内容

学员们被生动鲜活的案例深深打动，对诙谐幽默的授课发出阵阵笑声，在轻松愉快的氛围中学到了银行服务理念，掌握了网点服务标准

中国银行业百佳、千佳及星级品牌网点创建指南

周永发　著

中国金融出版社

责任编辑：刘　钊

责任校对：刘　明

责任印制：裴　刚

图书在版编目（CIP）数据

中国银行业百佳、千佳及星级品牌网点创建指南（Zhongguo Yinhangye Baijia、Qianjia ji Xingji Pinpai Wangdian Chuangjian Zhinan）/周永发著 . —北京：中国金融出版社，2018. 10

ISBN 978 - 7 - 5049 - 9571 - 1

Ⅰ. ①中… Ⅱ. ①周… Ⅲ. ①银行—商业服务—中国—手册 Ⅳ. ①F832. 1 - 62

中国版本图书馆 CIP 数据核字（2018）第 092555 号

出版 发行　**中国金融出版社**

社址　北京市丰台区益泽路 2 号

市场开发部　（010）63266347，63805472，63439533（传真）

网 上 书 店　http：//www. chinafph. com

（010）63286832，63365686（传真）

读者服务部　（010）66070833，62568380

邮编　100071

经销　新华书店

印刷　北京侨友印刷有限公司

装订　平阳装订厂

尺寸　169 毫米×239 毫米

印张　20. 5

字数　310 千

版次　2018 年 10 月第 1 版

印次　2018 年 10 月第 1 次印刷

定价　78. 00 元

ISBN 978 - 7 - 5049 - 9571 - 1

如出现印装错误本社负责调换　联系电话(010)63263947

前 言

　　网点效益一直是业内人士关注的焦点，这也是我多年来执着地研究课题。研究发现，网点效益的提升，必须从服务入手。通过提高服务水平立口碑、树品牌；通过品牌获得客户，赢得市场，增强竞争力，拓展业务；通过业务拓展产出效益。于是我决心带领我的团队共同研究银行网点服务能力的提升，并引领行业共同创建营业网点服务品牌——百佳、千佳及星级营业网点，在中国银行业协会领导的支持下，我带领协会自律部和各行服务专家开展品牌网点标准的制定，并进行百佳、千佳及星级营业网点等品牌创建引领工作，先后到300多个银行营业网点现场进行检查验收与调研工作，查阅了大量文献资料。十年磨一剑，终于把百佳、千佳及星级营业网点做成了炙手可热的行业品牌与社会品牌。与此同时，一个梦想始终萦绕着我，就是把中国银行业文明规范服务百佳、千佳示范单位及星级营业网点等一系列服务品牌的打造创建，图文并茂地展现在广大读者面前，以引导网点不断改进服务，增强盈利能力。今天终于梦想成真，即《中国银行业百佳、千佳及星级品牌网点创建指南》经过一年多的撰写终于面世了。消费升级、品牌锻造，这是时代的需要：一是人们对美好生活的向往与品牌消费的需要。二是银行生存的需要。目前全银行业有4200多家法人机构，22万多个银行网点，市场竞争使银行网点面临巨大的生存压力。服务不好，银行可持续发展就难以为继。三是强监管下网点提升服务品质的需要。四是新时代供给侧改革的需要。新时代建设有中国特色社会主义要求银行在金融产品与金融服务供给方面要提高品质与效率。

　　品牌锻造，标准先行。现行的《银行业营业网点文明规范服务评价指标体系和评分标准》团体标准也不是一蹴而就的，而是经历了一个较长的过程，这应追溯到 2006 年中国银行业协会制定出台的《中国银行业文明服务公约》。当年依据该公约，全行业开展了文明规范服务示范单位评选，产生了首批 600 家银行文明规范服务示范单位，迈出了文明规范服务品牌建设的第一步。2008 年，为了加强品牌建设，中国银行业协会正式提出了文明规范服务千佳示范单位品牌建设的概念，相继制定出台了《中国银行业文明规范服务示范单位管理办法》与《中国银行业文明规范服务示范单位考核标准》。依据该办法和标准，产生了第一批 1000 个千佳示范单位，深受客户好评。2009 年，为了建设系列品牌，中国银行业协会又正式提出了银行业文明规范服务百佳示范单位品牌的概念，并制定出台了百佳创建评选标准，标准分为六大板块 65 条共 100 分。经过激烈的角逐，诞生了行业最高级别网点服务品牌 100 个百佳示范单位。这次评审的最大特点是由过去的单纯评审转向了按行业标准创建打造。百佳这块金字招牌的诞生，立即获得了社会好评和客户的青睐，各大新闻媒体都进行了报道。百佳的诞生在行业内也产生了巨大的共鸣，为行业正面树起了一杆大旗，成为所有银行网点学习的最高标准示范单位与榜样。2014 年，为了巩固百佳、千佳服务品牌基础，扩大服务品牌广泛效应，中国银行业协会正式推出了营业网点星级管理评定活动，并通过整合修订评价标准统一制定下发了《中国银行业营业网点文明规范服务评价标准（CBSS1000）》，即 China Banking Service Standard，1000 分，作为百佳、千佳创建评选和星级（一星至五星）网点评定工作的考核评价标准，按考核打分成绩来决定百佳、千佳与星级品阶。2015 年与 2017 年又将 CBSS1000 分别升级为 2.0 版与 3.0 版评价体系。该标准体系分为十大模块，共 200 条。十大模块内部有极强的逻辑关系，又称银行业服务标准十大关系。第一模块：环境管理（65 分）。规范网点服务的物理条件，解决吸引客户或获客问题。第二模块：服务功能（135 分）。这是盈利的渠道与手段，解决为客户全方位服务的能力问题，同时又引导网点向智能智慧银行转型。第三模块：信息管理（60 分）。要求明码标价、信息对称、以诚相待，解决银行与客户之间的信任问题。第四模块：大堂管理（145 分）。这个阶段真正开启了价值创造，保证客户有良好体验，提升客户满意度。第五模块：柜面服务与效率（165 分）。这是实现价值的主要阶段，帮助客户解决所有金融需求，让客户获得满意的金融服务，解决活客与黏客问题。第六模块：员工管理（100 分）。人是服务的决定因素，此模块重点解决员工生产力的激发问题。第七模块：服务基础管理（110 分）。解决优质服务制度化与常态化问题，以及网点的应急处理、投诉处理、员工激励机制建设等。第八模块：经营业绩（80 分）。此模块引导网点解决服务创造价值问题，盈利是服务的结果。第九模块：消费者权益保护与社会责任履行（90 分）。引导银行网点履行社会责任，保护包括残障人士在内的所有消费者的合法权益，解决银行可持续发展问题。第十模块：服务文化（50 分）。解决向心力、团队精神（人在一起为聚会，心在一起为团队）、发展的平稳性与价值取向等问题。而深厚的文化底蕴又能反映在网点的硬件与软件上，强化服务意识。这十大模块是互相承接的循环关系，逻辑十分严密。如下图所示。

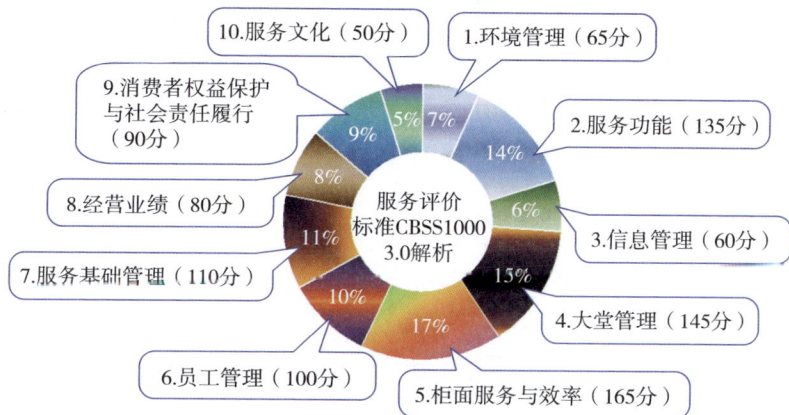

按照服务考核评价体系 CBSS1000 3.0，测评分数达到 980 分以上者具备百佳营业网点申报资格；960 分以上者具备千佳营业网点申报资格；950 分以上者具备五星级营业网点申报资格；900 分以上者具备四星级营业网点申报资格；850 分以上者具备三星级营业网点申报资格；800 分以上者具备二星级营业网点申报资格；750 分以上者具备一星级营业网点申报资格。顺便说一句，200 条中的不少条款被国家金标委所采用，本人也

参与了金标委所定标准的讨论。

CBSS1000 3.0 考核评价体系的突出特点。一是充分体现"以人为本""以客户为中心"的服务思想与理念，以及消费者权益保护要求。二是更重视引导网点服务功能及服务渠道改造、网点柜面服务与效率的提升，促进文明规范服务与银行本身经营业绩的有机结合。三是强调网点更多地从客户的角度出发，注重客户体验。四是突出强化与引导银行网点互联网金融和智能化服务。尤其注重引导网点的互联网金融建设与智能智慧功能的提升，使线上业务与线下业务完美结合。五是发挥基层党组织和共产党员的引领作用等。

2018 年，中国银行业协会为了响应国务院《深化标准化工作改革方案》的号召，实现与国家标准化战略接轨，组织开展完成了 CBSS1000 3.0 向团体标准的转化工作，形成了《银行业营业网点文明规范服务评价指标体系和评分标准》团体标准，其主要内容与 CBSS1000 3.0 一致，并自 2018 年 6 月 1 日起实施。

目前，依据上述标准创建打造的银行业服务品牌已经形成体系。一星、二星、三星、四星、五星级银行网点是基础，其面较广。星级网点一经评定，若无重大恶性事件则定级永久有效。之上是千佳，千佳之上是百佳。千佳和百佳设定了有效期，千佳和百佳有效期同为 4 年。银行业文明规范服务品牌体系如下图所示。

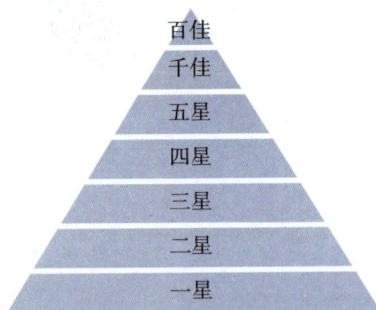

一星至五星级网点评定数量由行业协会每年按比例控制进行，一般而言，其数量也呈金字塔式分布，一星至五星级量的变化是由大渐渐变小。一星升二星，二星升三星，三星升四星，四星升五星，逐次递升，不能跨

级。每年在协会年检中不达标者会降星。在取得五星资格的基础上申报千佳，在取得千佳资格的基础上方可申报百佳。百佳每两年评选一次，千佳也每两年评选一次，交替进行。一般奇数年进行百佳创建评选和星级网点评定，偶数年进行千佳创建评选和星级网点年检。

品牌网点效益示范明显。一是在社会效益方面，根据中国消费者协会对银行服务消费者满意度独立进行的测评，近五年来，银行服务消费者满意度每年以 2 分的速度持续上升，目前已超越 80 分，进入良好水平。品牌网点获得了客户很多表扬、锦旗等。在对残障人士服务方面还获得了国务院嘉奖。文明规范服务口碑与良好的社会形象树起来了，百佳、千佳、星级网点等服务品牌正在成为其他服务行业的学习典范。二是在银行效益方面，银行网点以百佳、千佳和星级营业网点品牌创建为抓手，大抓渠道流程建设、推进产品创新、强化人文关怀。队伍战斗力加强了，员工精神面貌甚佳，服务激情高涨，"以客户为中心"的服务意识和服务水平提高了，客户群体迅速增加，业务快速扩展，经济效益显著提升。尤其体现在存款与中收增长效果明显。很多百佳、千佳品牌网点年人均创利已超越 500 万元，甚至有的百佳、千佳品牌网点年人均创利已逾 1000 万元。百佳、千佳和星级营业网点等服务品牌正在实实在在地转化为生产力，并提升效益。

《中国银行业百佳、千佳及星级品牌网点创建指南》将前面所述十大模块分为 10 章、31 节逐条进行接地气的讲解，引用了大量网点优秀经典案例以及网点硬件与软件建设图片。力图把每一模块的宗旨目的、每一条标准的具体理解执行详细诠释与解析出来，深入浅出地给读者一个清晰的认识和直观感受。每一条标准都通过图片进行了标准示范与样板展现，共用了 670 多张示范图片。需要说明的是，每条标准的分值分布（打分点）与扣分点以及扣分情况都是我历次带队到网点考评时的实际操作情况，200 条 1000 分共 610 个打分点，每年都有微调，仅供参考。每条标准结尾的"温馨提示"是我长期从事网点服务管理工作的经验分享。另外，结合本人多年从事服务营销工作的实战体验，追加写作了一章"增值章——网点服务营销"，分十条，详细讲述了银行变"坐商"为"行商"

的创意，突出六个字：获客、黏客、活客。

　　《中国银行业百佳、千佳及星级品牌网点创建指南》面向营业网点和广大从业人员以及社会各界，融专业性、知识性、创新性、实用性及标准化为一体，内容全面、数据翔实、信息量大、覆盖面广。对行业范围百佳、千佳、星级品牌等旗舰网点创建，对单家银行系统内优秀品牌网点打造与评选等都具有较强的指导作用和参考价值。

周永发

2018 年 6 月

目　录

第一章　环境管理

　　本章由室外环境维护、室内环境维护、便民服务、营业环境设置四部分组成。银行网点良好的环境设置、环境维护与管理可以起到招揽和获客的作用，客户与员工对网点的硬件会有一个良好的体验。本章共 65 分，各部分分值详见下表。

环境管理（65 分）	
第一节　室外环境维护	10 分
第二节　室内环境维护	10 分
第三节　便民服务	20 分
第四节　营业环境设置	25 分

第一节　室外环境维护

本节主要标准与分值

室外环境维护（10 分）		
1	网点外部设置醒目的门楣标牌、机构名称牌、营业时间牌（区分工作日和节假日、对公与对私业务）和外币兑换标识，制作规范统一，中英文对照，保持清洁，无污渍、破损。	3 分
2	网点对外宣传媒介营业时间正常工作，展示时间、形式、内容符合法律法规及监管规定，无过期宣传内容。	2 分
3	网点外部管辖区域环境整洁，无安全隐患、卫生死角、杂物摆放，网点外墙、门窗、台阶、地面无损毁、乱喷涂、乱张贴、污渍。	2 分
4	提供客户机动车停车位，据实设置非机动车停车区或无障碍停车位；网点外设置无障碍通道等相当功能服务设施，公示求助电话或设置呼叫按钮，标识醒目，确保响应及时；无障碍通道坡度小于 30 度，无安全隐患，通行顺畅，便于使用。	3 分

1 网点外部设置醒目的门楣标牌、机构名称牌、营业时间牌（区分工作日和节假日、对公与对私业务）和外币兑换标识，制作规范统一，中英文对照，保持清洁，无污渍、破损。

标准示范：

网点外部设置了醒目的门楣标牌，制作规范统一，中英文对照，清洁、无污渍、无破损 **①**

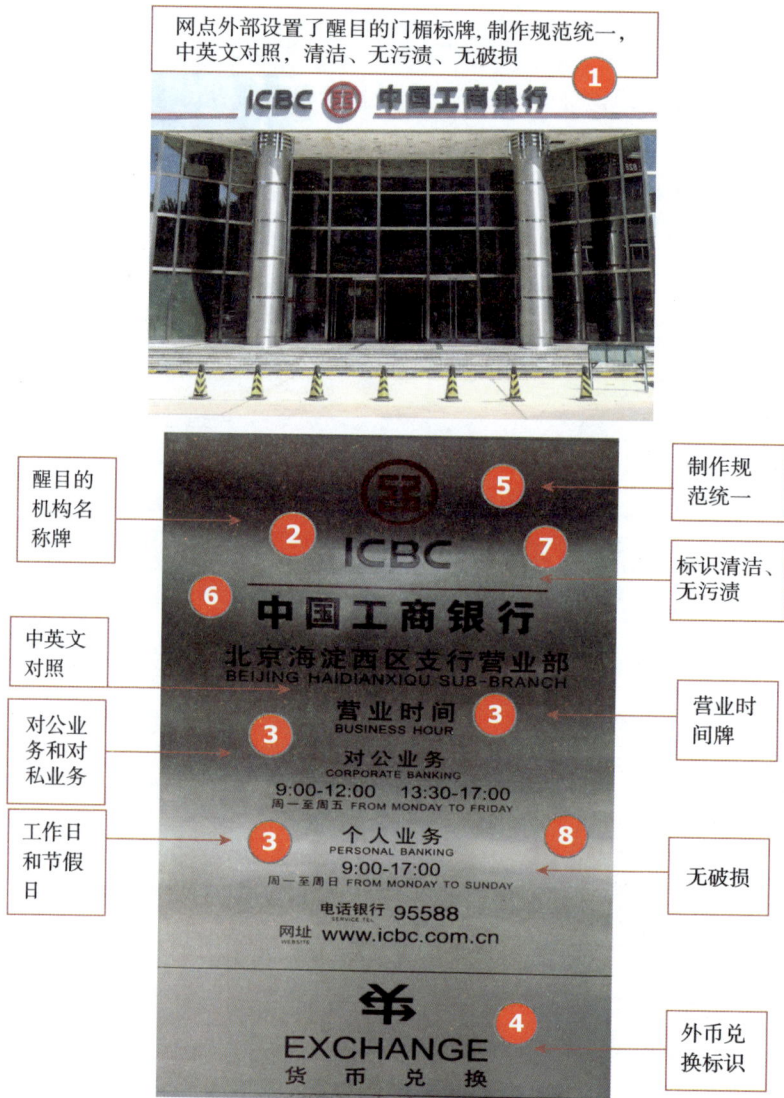

醒目的机构名称牌

制作规范统一 **⑤**

② ICBC

⑦ 标识清洁、无污渍

⑥ 中国工商银行

北京海淀西区支行营业部
BEIJING HAIDIANXIQU SUB-BRANCH

中英文对照

营业时间
BUSINESS HOUR **③**

营业时间牌

对公业务和对私业务

③ 对公业务
CORPORATE BANKING
9:00-12:00 13:30-17:00
周一至周五 FROM MONDAY TO FRIDAY

工作日和节假日

③ 个人业务
PERSONAL BANKING
9:00-17:00
周一至周日 FROM MONDAY TO SUNDAY

⑧ 无破损

电话银行 95588
SERVICE TEL
网址 www.icbc.com.cn
WEBSITE

￥
EXCHANGE
货 币 兑 换 **④**

外币兑换标识

分值：3分。

分值分布（分）：

（1）网点外设置醒目的门楣标牌（0.4）；

（2）机构名称牌（0.4）；

（3）营业时间牌（区分工作日和节假日0.2、对公与对私业务0.2）；

（4）外币兑换标识（0.3）；

（5）制作规范统一（0.4）；

（6）中英文对照（0.4）；

（7）保持清洁（0.4）；

（8）无污渍、破损（0.3）。

考评方法：现场查看。

扣分点：（1）（2）（4）（5）（6）（7）（8）。

以往扣分情况如下：

（1）门楣标牌长期风尘和雨水浸泡产生字体脱落、褪色、尘封，污渍影响美观等；

（2）不少网点牌匾是铜质的，年久发黑或生绿锈；有的是合金做的，年久发暗；牌匾表面因外力而不平、划痕、裂口，有的字迹脱落、褪色；

（4）没有外币兑换标识；

（5）网点机构名称牌匾制作不规范，有的分为三块：网点名称一块、营业时间一块、外币兑换一块，三块牌匾各放一边，显得不规范、不整齐；

（6）机构牌匾无中英文对照；

（7）牌匾被雨水浸泡变质产生污渍，不清洁；

（8）门楣标牌或机构牌匾破损或有划痕。

以下情形便会扣减相应分值：左图牌匾字迹脱落、褪色，下端牌匾污损，几个标牌杂乱无章。右图营业牌与"禁放单位"牌紧紧摆放在一起。另外，有的牌匾破损，有的牌匾凹凸不平，面上有划痕，或物品撞击留下印记。

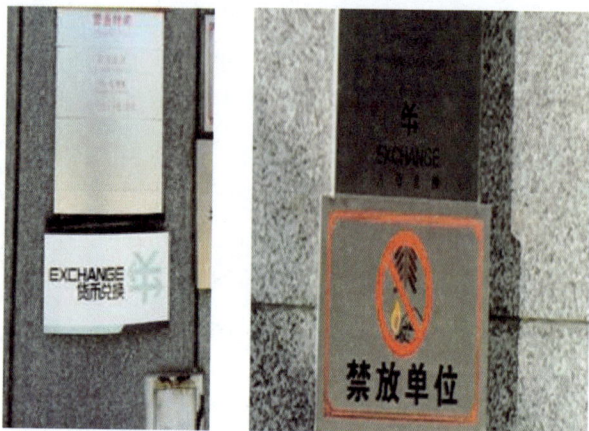

需要说明的是，以上扣分点不是全部集中在某一个网点，而是指网点往往在这些点上被扣分，比如 A 网点可能在第（2）点上被扣分，B 网点可能在第（5）点上被扣分，C 网点可能在第（8）点上被扣分。在下文的所有条款中扣分的情形也一样，不再逐条说明。

温馨提示

　　网点物理形象体现了一家银行的价值观、服务意识、文化特色、经济实力和对客户的尊重程度。门楣标牌是客户对银行物理网点的第一感知，因此，门楣标牌要符合银行统一文化规范要求。门楣标牌就好比人的脸，应随时保持清洁干净，容貌整齐。机构名称牌匾最好整合，制作规范，保持清洁，无破损及污渍；标识标牌尽量集中悬挂，统一整齐。此外，名称牌匾最好别与其他性质的牌匾挂在一起。并定期更换，保持其色彩与品质处于较优状态。

2　网点对外宣传媒介营业时间正常工作，展示时间、形式、内容符合法律法规及监管规定，无过期宣传内容。

　　标准示范：

网点对外宣传媒介营业时间正常工作

符合要求与监管规定

分值：2分。

分值分布（分）：

（1）网点对外宣传媒介营业时间正常工作（0.5）；

（2）展示时间、形式、内容符合法律法规及监管规定（1）；

（3）无过期宣传内容（0.5）。

考评方法：现场查看。

扣分点：（1）。

以往扣分情况如下：

（1）网点对外未设置电子显示屏、宣传橱窗、电子宣传屏等，或对外宣传媒介不能正常工作。

以下情形便会扣减相应分值：左图自助银行夜间灯箱不亮；右图夜间有的字母灯亮，有的字母灯不亮。这就不美观，会影响网点形象，不符合品牌网点要求。

温馨提示

　　对外宣传显示屏、宣传橱窗、电子宣传屏或广告灯箱等应完整无缺、干净整洁、显示规范，宣传内容应适时更新。有的宣传橱窗是纸质媒介，若更换不及时容易过期。灯箱等对外媒介要确保正常使用，夜间显示标识要正常发光，LED 灯显示正常，不能部分亮而其他部分不亮，或中文（英文）字词的某个偏旁字母不亮，不能字迹脱落等。

3　网点外部管辖区域环境整洁，无安全隐患、卫生死角、杂物摆放，网点外墙、门窗、台阶、地面无损毁、乱喷涂、乱张贴、污渍。

标准示范：

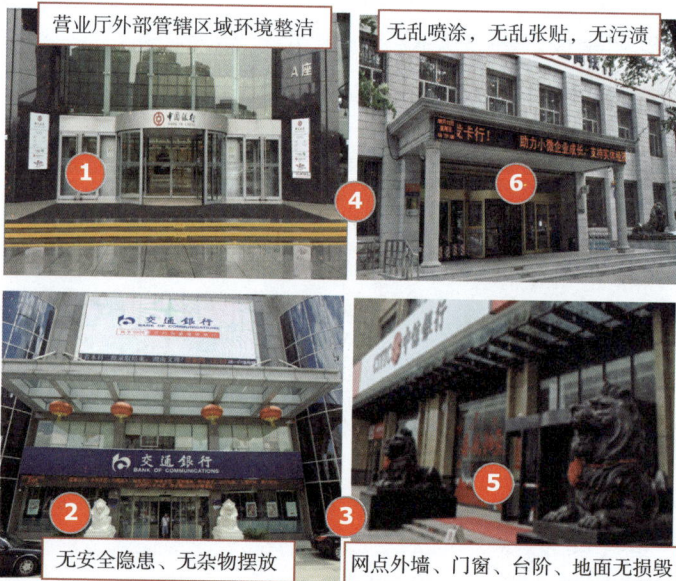

分值：2分。

分值分布（分）：

（1）网点外部管辖区域环境整洁（0.3）；

（2）无安全隐患（0.3）；

（3）无卫生死角（0.2）；

（4）无杂物摆放（0.2）；

（5）网点外墙、门窗、台阶、地面无损毁（0.3）；

（6）无乱喷涂（0.3）、乱张贴（0.2）、污渍（0.2）。

考评方法：现场查看。

扣分点：（1）（2）（3）（4）（5）。

以往扣分情况如下：

（1）网点在大门口置放垃圾桶，垃圾装满了垃圾桶未及时清理，地面和台阶有纸屑、烟头等垃圾；有的网点将宣传架或易拉宝等摆放大门口外，影响整体环境整洁；

（2）网点雨天未在门外地面或台阶上置放"小心地滑"提示牌，地滑易摔倒客户，存在安全隐患；

（3）网点在外部管辖区域置放绿植因浇水渗漏形成污渍或外墙长期雨水淤积形成污渍死角；

（4）网点室外管辖区域地面有果皮纸屑、烟头等；

（5）网点外墙磁砖、门窗玻璃等年久失修损坏；地面、台阶等破损，台阶缺角等。

以下情形便会扣减相应分值：左图台阶破损；右图台阶虽未破损但所贴"小心台阶"标识破损，不美观，影响网点形象。

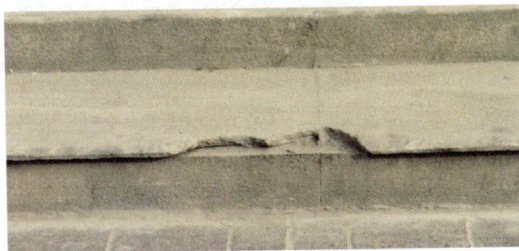

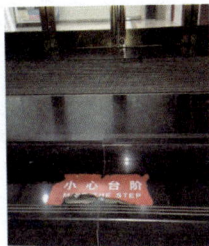

温馨提示

　　外部环境应保持整洁，不乱放乱堆，大门口尽量别摆放开口的垃圾桶，垃圾不到半桶就应清理干净；遇到雨天应有必要的安全防范措施，如置放防滑垫、"小心地滑"牌匾等；做好死角的卫生；别乱摆放展示架等，若一定需要摆放展示架或易拉宝则不宜过多，且位置得当，不影响客户行走；及时修补外墙、室外地面、台阶等各处破损；及时清除外墙上和玻璃门窗上的小广告、喷涂和各种污渍。各种标识字迹脱落的应及时修补更新。

4　提供客户机动车停车位，据实设置非机动车停车区或无障碍停车位；网点外设置无障碍通道等相当功能服务设施，公示求助电话或设置呼叫按钮，标识醒目，确保响应及时；无障碍通道坡度小于30度，无安全隐患，通行顺畅，便于使用。

标准示范：

无障碍通道等相当功能服务设施建设应按标准要求进行，主要目的是方便残障客户朋友使用，而不是为了应付检查，是否适用最好是坐上轮椅试一试便知晓了。

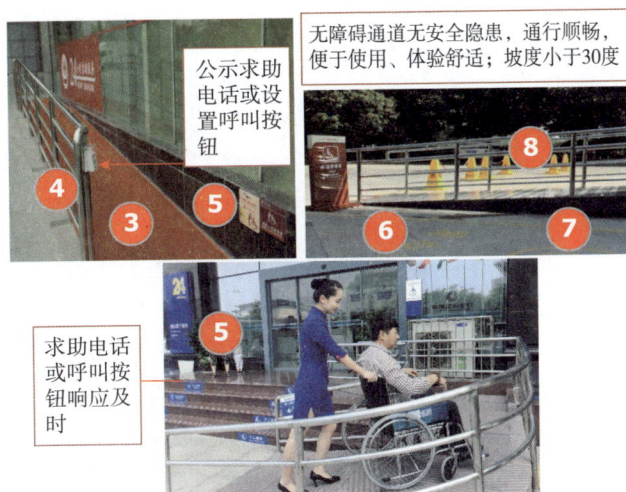

公示求助电话或设置呼叫按钮

无障碍通道无安全隐患，通行顺畅，便于使用、体验舒适；坡度小于30度

求助电话或呼叫按钮响应及时

分值： 3分。

分值分布（分）：

（1）提供客户机动车停车位（0.3）；

（2）据实设置非机动车停车区或无障碍停车位（0.3）；

（3）网点外设置无障碍通道等相当功能服务设施（0.3）；

（4）公示求助电话或设置呼叫按钮（0.3）；

（5）标识醒目（0.3），确保响应及时（0.3）；

（6）无障碍通道坡度小于30度（0.3）；

（7）无安全隐患（0.3）；

（8）通行顺畅（0.3），便于使用（0.3）。

考评方法： 现场观察。

扣分点：（1）（2）（3）（4）（5）（6）（7）。

以往扣分情况如下：

（1）室外未设置机动车位，或网点管辖区内车辆停放无秩序；

（2）因种种原因未设非机动车位或无障碍停车位；

（3）营业厅外未设置无障碍通道等相当功能服务设施，或无障碍通道上有障碍物等；

（4）营业厅外部未设置求助电话或在无障碍通道开始处未设置呼叫按钮；

（5）标识不醒目，响应不及时；

（6）无障碍通道坡度大于30度，不方便轮椅进出网点；

（7）无障碍通道宽度不够，不方便轮椅进出，或无护栏，存在安全隐患。

> **温馨提示**
>
> 　　机动车位若无太多地方设置，也应该象征性地有几个或从周边停车场租用几个供客户使用；非机动车及无障碍车位至少要有一个，且无障碍车位的地面应平整、防滑、不积水，与相邻车位之间应留出足够的轮椅通道；各停车区位标识要清晰可辨。公共场所加强无障碍设施建设是国家明文规定的，银行强化这方面工作正是顺应时代的要求。无障碍施设建设一定要符合要求，强调适用性，不是做个样子就行了。无障碍通道坡度一定要小于30度，这样便于轮椅行走。

　　此外，无障碍通道建设可因地制宜，根据地形决定模型，除了上述常规形外，通常还有人字形、之字形、L形等，如下图所示。

　　另外，有的网点外部台阶太高，确实不便建上述无障碍通道，则可采用升降梯解决问题。如下图所示。

第二节　室内环境维护

本节主要标准与分值

室内环境维护（10分）		
5	网点内环境干净整洁，无灰尘、污渍、杂物摆放、乱张贴、损毁，各类物品定位管理，摆放有序，员工工作台面上无私人物品；设备机具布线隐蔽、整齐，无安全隐患。	3分
6	营业厅内各区域温度适宜、空气清新、光线明亮，合理摆放绿色植物、花卉，常绿常新，无刺伤危险。	2分
7	营业时间内各区域呼叫系统及音频、视频系统播放音量适中，无嘈杂现象。	2分
8	网点内外设置必要的免责提示标识或图标，制作统一规范，在恰当位置醒目温馨提示。	3分

5 网点内环境干净整洁，无灰尘、污渍、杂物摆放、乱张贴、损毁，各类物品定位管理，摆放有序，员工工作台面上无私人物品；设备机具布线隐蔽、整齐，无安全隐患。

标准示范：

网点柜台内各类物品定位管理。如办公机具、绿植等。员工工作台面上无私人物品

设备机具布线安全、隐蔽、整齐，无安全隐患

6S 定位管理

网点柜台外各类物品定位管理

分值：3 分。

分值分布（分）：

（1）网点内环境干净整洁（0.4）；

（2）无灰尘（0.1）、污渍（0.1）、杂物摆放（0.1）、乱张贴（0.1）、损毁（0.1）；

（3）各类物品定位管理（0.8），摆放有序（0.3）；

（4）员工工作台面上无私人物品（0.4）；

（5）设备机具布线隐蔽（0.2）、整齐（0.2），无安全隐患（0.2）。

考评方法：现场观察。

扣分点：（1）（2）（3）（5）。

以往扣分情况如下：

（1）网点大厅内物品零乱、不整洁，空白银行传票、凭证及作废纸屑等散落地上，自助区地上有烟头、污渍；

（2）一些通知或公告用 A4 纸等贴墙上起角或起边等；

（3）柜面水杯、面巾纸、杂物等私人物品随意摆放；

（5）营业窗口、员工工作台面及营业大厅各种机具布线裸露、散乱，电线露出金属丝，存在安全隐患。

以下情形便会扣减相应分值：设备机具布线裸露、散乱。

温馨提示

　　大厅整体环境要注意干净整洁，一些通知或公告最好不用纸张直接贴墙上，而是公示在公示栏里，或专门制作一个带镜框的通知栏，可以换纸；非营业性与服务无关用品别摆放在营业厅内，别摆放在客户视线范围内。物品应遵循 6S 原理进行定位管理；水杯等私人物品整齐摆放在内部柜子隐蔽处。机具布线尽量不走台面，最好不在视野范围内，尽量别裸露，电线要进行整齐捆扎；电源开关及电源接头部分应有防触电装置，并有"请注意用电安全"提示等。如下图所示。

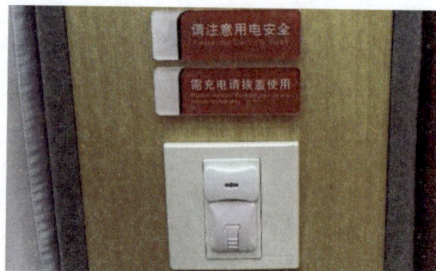

6　营业厅内各区域温度适宜、空气清新、光线明亮，合理摆放绿色植物、花卉，常绿常新，无刺伤危险。

标准示范：

分值： 2 分。

分值分布（分）：

（1）营业厅内各区域温度适宜（0.4）；

（2）空气清新（0.4）；

（3）光线明亮（0.4）；

（4）合理摆放绿色植物、花卉（0.3）；

（5）常绿常新（0.2）；

（6）无刺伤危险（0.3）。

考评方法：现场观察。

扣分点：（4）（5）（6）。

以往扣分情况如下：

（4）无任何绿色植物、花卉；

（5）植物树叶干枯发黄、掉叶，另外还有装修异味等；

（6）摆放了带刺的植物或折损后流毒液的植物等。

以下情形便会扣减相应分值：大厅内绿植带刺，如摆放仙人球、仙人掌、龙骨柱、天轮柱、霸王鞭等；在低柜或理财室柜面上等摆放刺梅。因为这些带刺的植物花卉容易刺伤客户或员工。

温馨提示

　　营业厅包括自助银行在内环境温度适宜，既环保又舒适。在重要区域如客户活动区域、荣誉牌架周围、产品展示位置周边、贵宾理财区、低柜台面上、员工活动区、墙角墙边等摆放绿色植物、花卉，对净化空气和美化环境很有好处。这些植物应保持无枯死、无黄叶；绿植盆景内无烟蒂、纸屑等杂物，若发现应及时清理。但不能摆放带刺的植物花卉。

7 营业时间内各区域呼叫系统及音频、视频系统播放音量适中，无嘈杂现象。

标准示范：

分值：2分。

分值分布（分）：

（1）营业时间内各区域呼叫系统及音频（0.5）、视频（0.5）系统播放音量适中（0.5）；

（2）无嘈杂现象（0.5）。

考评方法：现场观察。

扣分点：（2）。

以往扣分情况如下：

（2）有的网点业务高峰时大堂人员人手不够，分流疏导不及时而出现嘈杂现象。或是网点呼叫系统音量太小，客户听不清呼叫等。

> **温馨提示**
>
> 大厅客户人数多时可增加人手，维护好秩序，做好客户分流；大堂服务人员可随时注意各区域呼叫系统音量大小是否适中，客户是否能清楚地听到语音叫号或语音过大而引起客户反感等现象。

8 网点内外设置必要的免责提示标识或图标，制作统一规范，在恰当位置醒目温馨提示。

标准示范：

分值： 3 分。

分值分布（分）：

（1）网点内外设置必要的免责提示标识或图标（1）；

（2）制作统一规范（1）；

（3）在恰当位置醒目温馨提示（1）。

考评方法： 现场观察。

扣分点：（1）（2）（3）。

以往扣分情况如下：

（1）营业厅内外台阶未设置"注意台阶"，雨天未置放"小心地滑"，热饮处未提示"小心烫伤"，玻璃墙面未贴"小心玻璃"等；

（2）随意用 A4 纸或大小规格不一的材料做免责提示标识；

（3）免责提示标识摆放不到位或无温馨提示。

以下情形便会扣减相应分值：网点门前有十多级台阶，但未做任何"注意台阶"免责提示，且地面光滑，客户一旦不小心摔落台阶，后果不堪设想。如下图所示。

温馨提示

　　这些标牌用好了，可以避免客户发生意外伤害，也可使网点减少或避免法律风险。曾经有一个网点雨天未在门口台阶及时放置"小心地滑"标牌，一位老人不慎摔倒跌落台阶，身体骨折。老人与网点打官司，结果网点败诉，赔偿老人医疗费、治疗费、伤痛补偿费等上万元。谁来网点办业务跌倒都是一件痛心的事，所以，网点一定要将各种免责标牌置放到位，提示清楚，避免客户在网点受到伤害。细微之处见真情，这些标牌的使用也是有讲究的。如"小心台阶"的用法，正确的用法应是台阶上下双向分别在第一级做"小心台阶"标示。从实践来看，这方面易被忽视的问题主要有三个：一是上下都未做提示。二是只在给客户使用的区域提示，而内部员工使用的台阶不做提示，给人的感觉是内部员工可以摔倒。员工也要关爱，员工是网点内最重要的资源。客户与员工上下台阶都应有安全提示，都不可以摔倒。三是单向只对上台阶做提示，下台阶不做提示。其实下台阶摔倒比上台阶摔倒受伤严重得多，上台阶摔倒一般会趴在台阶上，而下台阶摔倒，人的整个身子都会滚下去。

第三节　便民服务

本节主要标准与分值

便民服务（20分）		
9	设置排队叫号机或相当设施，正常运行，实现身份识别。	2分
10	配备整齐干净、舒适宜用的客户等候休息椅，数量满足客户需求，进出通道畅通，并明示爱心专席或区域。	2分
11	配备供客户使用的点验钞机，正常使用，摆放位置能够有效保护客户隐私且在录像监控范围内，点验钞全过程、金额显示清晰可查。	2分
12	配备六种（含）以上常用便民服务设施，放置适当，摆放有序，方便使用，保持整洁，无安全隐患。	3分

续表

13	配备便于客户使用的饮水设施、用具，干净卫生，数量充足；加热饮水设施标注"小心烫伤"提示标识。	3 分
14	适当位置设置碎纸设备或废弃凭条回收箱（盒、桶），及时清理，方便客户使用，保护客户信息安全。	2 分
15	在网点内为客户提供无线上网（WiFi）服务，正常使用，标识醒目，操作流程明晰，风险提示到位。	2 分
16	以公告栏公示或客户提示卡等方式，提示周边区域本行或他行其他营业网点的地址和联系电话。	2 分
17	向客户提供常办业务简介、风险提示等，内容包括所需证件、办理渠道、流程和范围等必要手续提示。	2 分

9 设置排队叫号机或相当设施，正常运行，实现身份识别。

标准示范：

① 取号机运行正常

② 大堂经理手持平板电脑，实现客户身份识别

③ 周总您好，请问您今天要办理什么业务？

分值：2 分。

分值分布（分）：

（1）设置排队叫号机或相当设施（1）；

（2）正常运行（0.5）；

（3）实现身份识别（0.5）。

考评方法：现场观察。

扣分点：(3)。

以往扣分情况如下：

(3) 单一的取号机，客户只简单取个号，无法识别身份。

> **温馨提示**
>
> 　　现在信息技术已十分发达，取号机应适时增加科技含量，增加智能化成分，有效进行客户身份识别，在身份识别后对客户使用姓氏尊称可立即拉近客户距离。如在咨询引导台设置中英文显示的叫号机，通过刷卡、刷证自动进行身份识别。如下图所示。

10　配备整齐干净、舒适宜用的客户等候休息椅，数量满足客户需求，进出通道畅通，并明示爱心专席或区域。

标准示范：

分值：2 分。

分值分布（分）：

（1）配备整齐干净（0.4）、舒适宜用（0.4）的客户等候休息椅；

（2）休息椅数量满足客户需求（0.4）；

（3）进出通道畅通（0.4）；

（4）明示爱心专席或区域（0.4）。

考评方法：现场观察。

扣分点：（3）（4）。

以往扣分情况如下：

（3）大厅内客户等候休息椅排得过密，行间距太小，客户不便进出；

（4）等候区客户等候休息椅上未明示爱心专席或区域。

温馨提示

　　座椅摆放要整齐，营业厅内客户等候休息椅应因地制宜，能满足客户需要便可。爱心座椅标识要明显，便于有需要的客户使用。座椅也要讲究美观，其色彩与风格要与大厅风格相配。为了适应现代生活情调与审美观，增强客户良好体验，一些网点在客户舒适度上不断创新，推出了一批新颖、别致、时尚、适用、舒适的客户座椅，如下图所示。

11 配备供客户使用的点验钞机，正常使用，摆放位置能够有效保护客户隐私且在录像监控范围内，点验钞全过程、金额显示清晰可查。

标准示范：

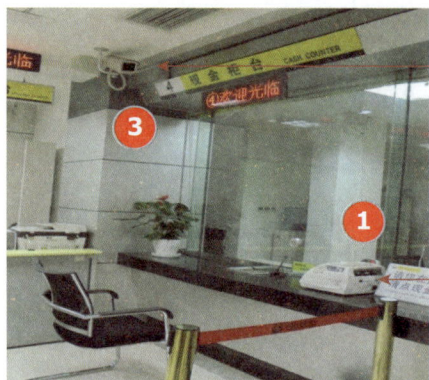

供客户使用的点验钞机摆放在录像监控范围内，点验钞全过程清晰可见

分值： 2分。

分值分布（分）：

（1）配备供客户使用的点验钞机（0.5）；

（2）正常使用（0.5）；

（3）摆放位置能够有效保护客户隐私且在录像监控范围内（0.5）；

（4）点验钞全过程、金额显示清晰可查（0.5）。

考评方法： 现场观察。

扣分点：（2）（3）（4）。

以往扣分情况如下：

（2）供客户使用的点验钞机不能正常使用；

（3）离开了录像监控范围；

（4）点验钞全过程模糊不清。

温馨提示

　　点验钞机应能正常使用，摆放在录像监控范围内，且环境相对隐蔽，以便保护客户生命财产安全。同时又能方便来日需要时调阅录像，处理问题。

12 配备六种（含）以上常用便民服务设施，放置适当，摆放有序，方便使用，保持整洁，无安全隐患。

标准示范：

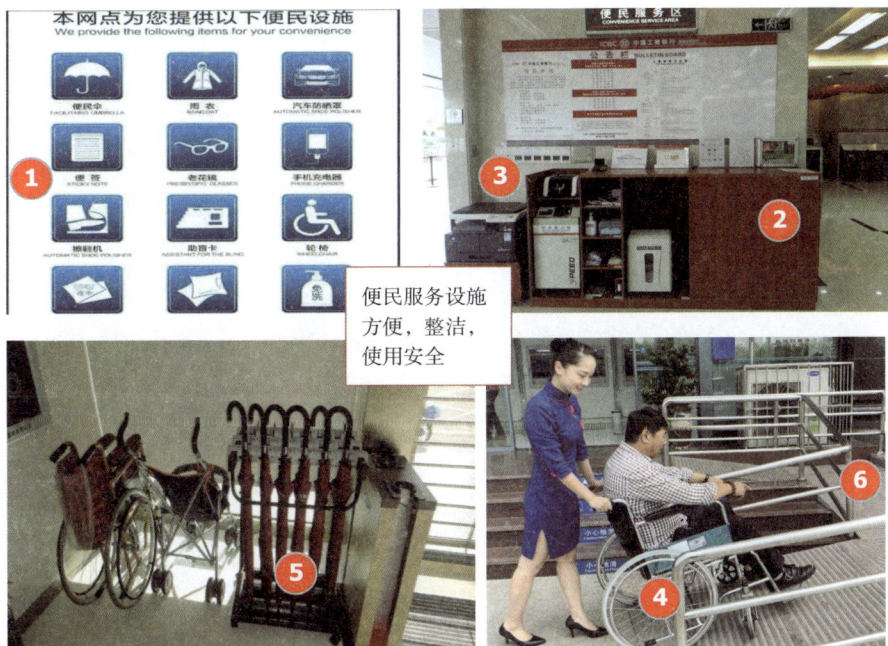

便民服务设施方便，整洁，使用安全

分值：3分。

分值分布（分）：

（1）配备六种（含）以上常用便民服务设施（0.7）；

（2）放置适当（0.4）；

（3）摆放有序（0.4）；

（4）方便使用（0.4）；

（5）保持整洁（0.4）；

（6）无安全隐患（0.7）。

考评方法：现场观察。

扣分点：（1）（4）（6）。

以往扣分情况如下：

（1）便民服务设施不足六种；

（4）便民服务设施锁在柜子里，不便取用；

（6）便民服务设施有棱角，甚至带毛刺。便民箱中有水果刀或较大规格的剪刀等易造成伤害的物件。

温馨提示

便民服务设施包括但不限于老花镜、针线包、雨伞、婴儿车、轮椅、幼儿椅、自行车打气筒、小药箱（药品仅限外用）等。但不宜摆放水果刀或较大规格的剪刀等易造成伤害的物品。便民服务设施应摆放整齐、取用方便。

---

13 配备便于客户使用的饮水设施、用具，干净卫生，数量充足；加热饮水设施标注"小心烫伤"提示标识。

标准示范：

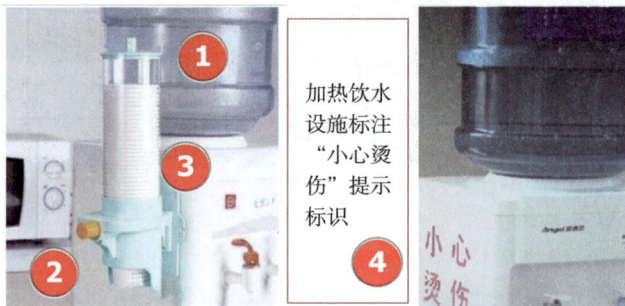

加热饮水设施标注"小心烫伤"提示标识

分值：3分。

分值分布（分）：

（1）配备便于客户使用的饮水设施、用具（1）；

（2）干净卫生（1）；

（3）数量充足（0.5）；

（4）加热饮水设施标注"小心烫伤"提示标识（0.5）。

考评方法：现场检查。

扣分点：（1）（2）（4）。

以往扣分情况如下：

（1）未配备便于客户使用的饮水设施；

（2）饮水用具没有包装或放在柜子里，长时间裸露在外；

（4）热饮水处未标注"小心烫伤"提示标识。

> **温馨提示**
>
> 　　网点应配备便于客户使用的饮水设施，注意水杯要有卫生保护措施，使其保持干干净净，供水及时，加注饮用期提示。热饮水处标注"小心烫伤"提示标识。客户用过的水杯要及时清理。

14 适当位置设置碎纸设备或废弃凭条回收箱（盒、桶），及时清理，方便客户使用，保护客户信息安全。

　　标准示范：

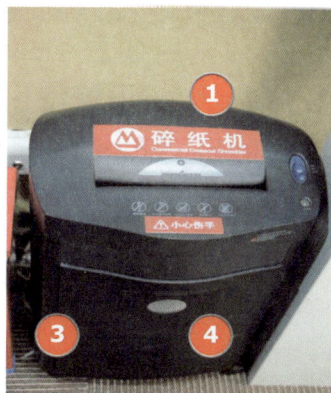

分值：2 分。

分值分布（分）：

（1）适当位置设置碎纸设备或废弃凭条回收箱（盒、桶）（0.5）；

（2）及时清理（0.5）；

（3）方便客户使用（0.5）；

（4）保护客户信息安全（0.5）。

考评方法：现场检查，逐一评分。

扣分点：（1）（3）。

以往扣分情况如下：

（1）未配备碎纸设备；

（3）碎纸设备出故障，不能正常使用。

温馨提示

　　注意保持碎纸设备能正常使用；杂物一般不超过回收箱的三分之二，并注意及时清理。另外，碎纸机不与点验钞机摆放一处，以免客户思考问题时不留神误将钞票当废纸碎了。

15　在网点内为客户提供无线上网（WiFi）服务，正常使用，标识醒目，操作流程明晰，风险提示到位。

标准示范：

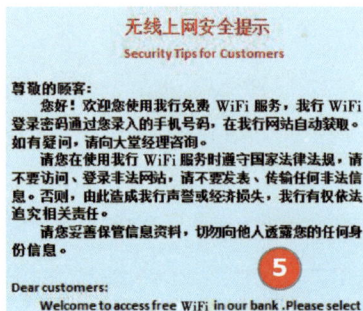

风险提示及客户私密保护措施到位：客户需要领取一个密码方可上网

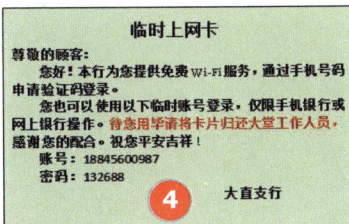

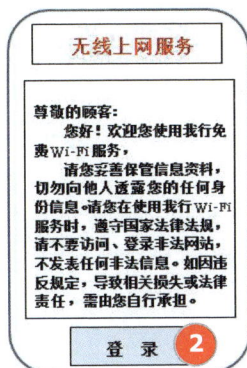

临时上网卡

尊敬的顾客：
　　您好！本行为您提供免费Wi-Fi服务，通过手机号码申请验证码登录。
　　您也可以使用以下临时账号登录，仅限手机银行或网上银行操作。待急用毕请将卡片归还大堂工作人员，感谢您的配合。祝您平安吉祥！
账号：18845600987
密码：132688

④　　　大直支行

无线上网服务

尊敬的顾客：
　　您好！欢迎您使用我行免费Wi-Fi服务，
　　请您妥善保管信息资料，切勿向他人透露您的任何身份信息。请您在使用我行Wi-Fi服务时，遵守国家法律法规，请不要访问、登录非法网站，不发表任何非法信息。如因违反规定，导致相关损失或法律责任，需由您自行承担。

登　录　**②**

分值：2分。

分值分布（分）：

（1）在网点内为客户提供无线上网（WiFi）服务（0.4）；

（2）正常使用（0.4）；

（3）标识醒目（0.4）；

（4）操作流程明晰（0.4）；

（5）风险提示到位（0.4）。

考评方法：现场体验。

扣分点：（1）（5）。

以往扣分情况如下：

（1）未提供无线上网（WiFi）服务，或没有无线上网（WiFi）明显标识；

（5）无风险提示，无任何安全措施，客户不用做任何操作，可直接上网。

> **温馨提示**
>
> 　　为了保护客户信息安全，连接WiFi要进行风险提示，并且网点须采取相关安全措施。例如，客户通过输入手机号码申请验证码进行登录，或提供临时上网卡，由客户任意抽取卡片，客户输入临时上网卡上的账号和密码进行登录。客户登录时在手机界面再输入一次。网点不可无密码连接WiFi。伪基站对手机银行的攻击很猖獗，银行已监测并关停钓鱼网站上万个，处理可疑交易上万起。伪基站假冒银行电话发送虚假信息引诱客户登录钓鱼网站，盗取客户账户信息等电信网络诈骗案件时有发生。如果WiFi无安全措施，容易被钻空子。

16　以公告栏公示或客户提示卡等方式，提示周边区域本行或他行其他营业网点的地址和联系电话。

标准示范：

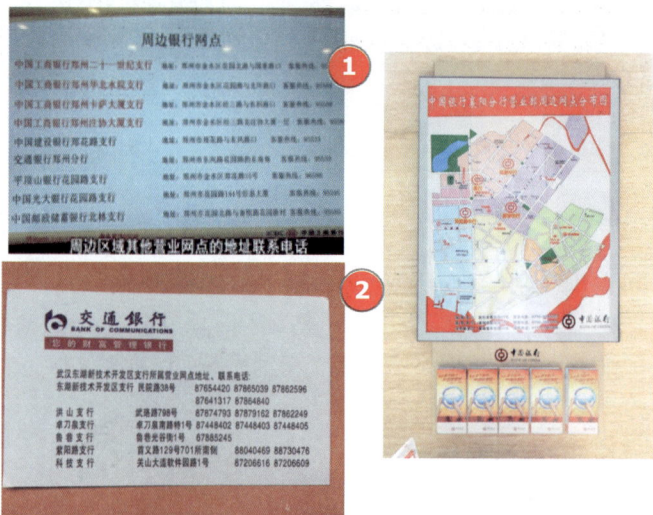

分值： 2分。

分值分布（分）：

（1）以公告栏公示或客户提示卡等方式（1）；

（2）提示周边区域本行或他行其他营业网点的地址和联系电话（1）。

考评方法： 现场检查，逐一评分。

扣分点：（2）。

以往扣分情况如下：

（2）未提示周边区域本行或他行其他营业网点的地址和联系电话。

温馨提示

　　提示周边网点数量不限，在提示周边区域本行网点的同时，提倡提示他行营业网点的地址或联系电话。有的网点有些顾虑，其实这也是践行"以客户为中心"思想的具体体现，方便与服务好客户才能获得客户好评，黏住客户。

17 向客户提供常办业务简介、风险提示等，内容包括所需证件、办理渠道、流程和范围等必要手续提示。

标准示范：

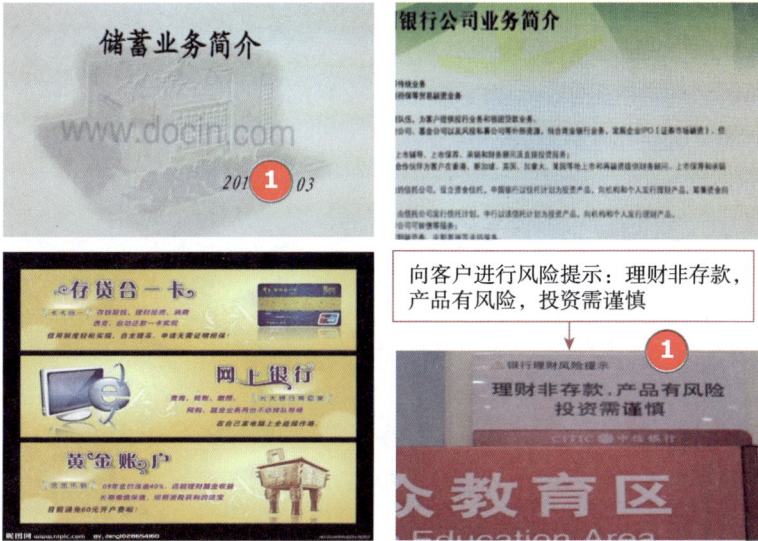

向客户进行风险提示：理财非存款，产品有风险，投资需谨慎 **1**

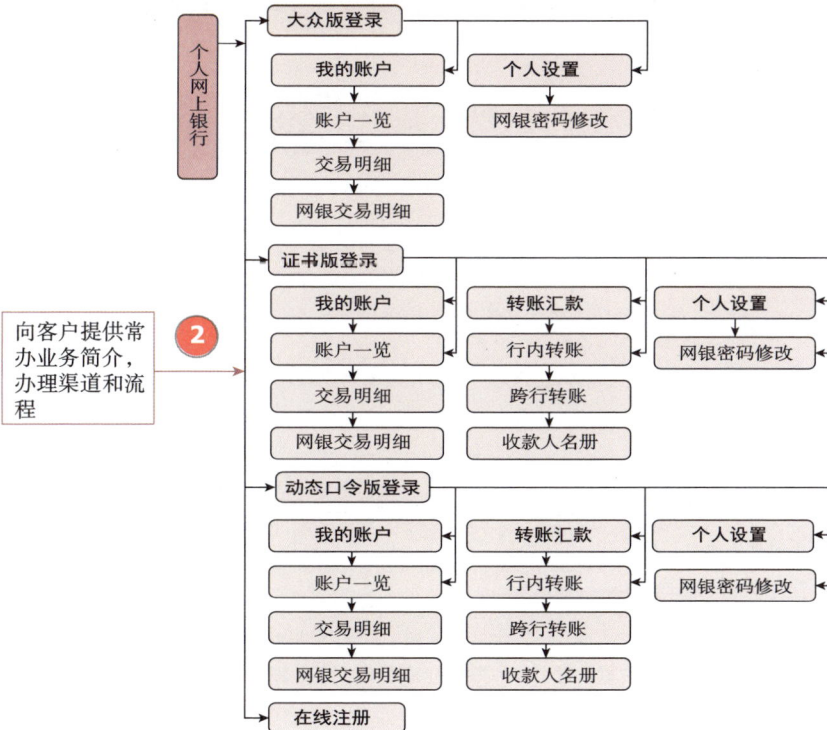

个人网上银行

大众版登录
- 我的账户
  - 账户一览
  - 交易明细
  - 网银交易明细
- 个人设置
  - 网银密码修改

向客户提供常办业务简介，办理渠道和流程 **2**

证书版登录
- 我的账户
  - 账户一览
  - 交易明细
  - 网银交易明细
- 转账汇款
  - 行内转账
  - 跨行转账
  - 收款人名册
- 个人设置
  - 网银密码修改

动态口令版登录
- 我的账户
  - 账户一览
  - 交易明细
  - 网银交易明细
- 转账汇款
  - 行内转账
  - 跨行转账
  - 收款人名册
- 个人设置
  - 网银密码修改

在线注册

分值：2 分。

分值分布（分）：

（1）向客户提供常办业务简介（0.5）、风险提示（0.5）等；

（2）内容包括所需证件（0.25）、办理渠道（0.25）、流程（0.25）和范围（0.25）等必要手续提示。

考评方法：现场检查，按细项逐一评分。

扣分点：（1）（2）。

以往扣分情况如下：

（1）未做风险提示；

（2）证件、渠道、流程和范围等细项未提示，或提示不明。

温馨提示

　　常办业务、风险提示，以及办理业务所需证件，办理渠道、流程和范围等提示，采取板报、电子显示屏、折页、卡片等均可，只要能帮助客户办理业务便可。

第四节　营业环境设置

本节主要标准与分值

营业环境设置（25分）		
18	在网点内公示营业执照及金融许可证。	1 分
19	网点设置满足业务需要的营业窗口，未使用的窗口设置遮挡帘。	2 分
20	设置快速业务办理营业窗口（通道）、爱心窗口及涉外服务窗口，标识醒目、便于引导。	3 分
21	营业窗口、柜台之间设置遮挡板、一米线等相当功能设施，形成相对独立的客户办理业务区域。	3 分
22	营业窗口玻璃干净整洁、通透明亮；整合相关提示牌摆放，可公示、发布信息资讯。	3 分
23	营业窗口配备客户座椅，客户使用体验舒适。	1 分
24	营业窗口语音对讲装置正常工作，通话音量适中，柜员点钞机显示清晰、无遮挡。	3 分

续表

25	有填单需要的，设置填单台及其他便利客户填单的服务设施，客户使用体验舒适，根据业务需要配备填单模板及单据，单据数量充足、业务用途明确，摆放有序，便于取用。	3分
26	网点内明显位置设置中英文对照的客户意见簿。	1分
27	网点明显位置设置便于客户使用的免拨直通客服电话，标识醒目，中英双语服务，操作流程图简明易懂且内容与实际相符。	3分
28	网点水、电、气、火等方面无安全隐患，配备灭火器等消防设施，符合消防要求。	2分

18 在网点内公示营业执照及金融许可证。

标准示范：

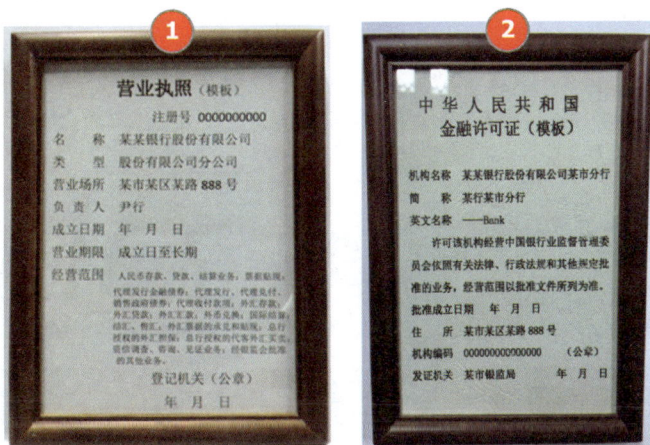

分值： 1分。

分值分布（分）：

（1）在网点内公示营业执照（0.5）；

（2）公示金融许可证（0.5）。

考评方法： 现场检查。

扣分点： 无。

以往扣分情况如下：

无。此条在历次考评中未扣过分。

温馨提示

营业网点应在大厅明显且恰当的位置公示本营业网点的营业执照及金融许可证。让客户方便看见，并知晓网点是正规的持照营业点，给客户一种安全感。

19 网点设置满足业务需要的营业窗口，未使用的窗口设置遮挡帘。

标准示范：

未使用的窗口设置遮挡帘

各服务区域设置了数量充足、满足业务需要的营业窗口

分值：2分。

分值分布（分）：

（1）网点设置满足业务需要的营业窗口（1）；

（2）未使用的窗口设置遮挡帘（1）。

考评方法： 现场检查、观看录像，逐一评分。

扣分点：（2）。

以往扣分情况如下：

（2）未使用的窗口未设置遮挡帘。

温馨提示

　　在现金区、非现金服务区、贵宾服务区设置足够客户使用的营业窗口。遇客户较多排长队时须开足窗口，灵活安排弹性窗口，减少客户排队时间。未使用的窗口应设置遮挡帘，以减少投诉。若未使用的窗口未设遮挡帘，而此时有员工在做内部资料整理，或有员工走动而不接待客户，客户就易产生不满情绪。

20 　设置快速业务办理营业窗口（通道）、爱心窗口及涉外服务窗口，标识醒目、便于引导。

标准示范：

导盲犬珍妮

分值：3 分。

分值分布（分）：

（1）设置快速业务办理营业窗口（通道）（1）；

（2）设置爱心窗口（0.5）及涉外服务窗口（0.5）；

（3）标识醒目（0.5）、便于引导（0.5）。

考评方法：现场观察、查看录像，按细项逐一评分。

扣分点：（1）（2）。

以往扣分情况如下：

（1）未设置快速业务窗口；

（2）未设置爱心窗口或涉外服务窗口。

温馨提示

　　本条的目的是提高网点服务效率，增强客户良好体验。网点营业面积大的可以分设快速业务办理营业窗口，也可视情况而合设，提示要醒目。如下图所示。

21　　营业窗口、柜台之间设置遮挡板、一米线等相当功能设施，形成相对独立的客户办理业务区域。

标准示范：

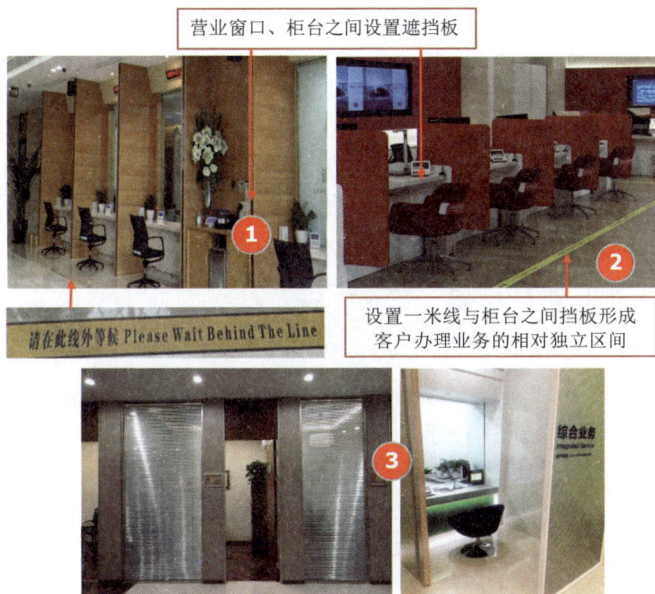

营业窗口、柜台之间设置遮挡板

设置一米线与柜台之间挡板形成客户办理业务的相对独立区间

分值： 3 分。

分值分布（分）：

（1）营业窗口、柜台之间设置遮挡板（1）；

（2）设置一米线等相当功能设施（1）；

（3）形成相对独立的客户办理业务区域（1）。

考评方法： 现场观察，逐一评分。

扣分点：（1）（2）（3）。

以往扣分情况如下：

（1）营业窗口、柜台之间未设置遮挡板，客户办理业务没有私密性；

（2）未设置一米线；

（3）未形成相对独立的客户办理业务区域。

温馨提示

　　营业窗口、柜台之间的遮挡板可以用多种方法解决，因地制宜，只要能保护客户私密性即可。一米线是实线，采用中英双语明示，表示上一位客户未办完业务时，下一位客户不能越过一米线靠近上一位客户。有的网点人员认为高柜前可以设置、低柜前不必设置一米线，原因是低柜不涉及现金。但客户隐私内容不仅仅是现金，还包括存折、存单、银行卡、网银、理财账户、身份证号码、相应密码，以及对公账户账号、密码、业务商业机密等。所以，网点内只要涉及客户私密的地方都应设置相应设施或采取相应措施对客户私密加以保护。私密设施材质可以是木材、绿植、石材（包括人造石）、钢材、铝合金、磨砂玻璃、彩绘玻璃等，但不宜用透明玻璃。有的网点在高柜区还专门为客户设置了密闭或半密闭的业务办理空间，使办理普通业务的客户享受贵宾待遇。如下图所示。

22　营业窗口玻璃干净整洁、通透明亮；整合相关提示牌摆放，可公示、发布信息资讯。

标准示范：

① 营业窗口玻璃干净整洁、通透明亮，窗口玻璃无污渍、乱张贴

② 整合相关提示牌摆放，集中于液晶触摸显示器，可公示、发布信息资讯

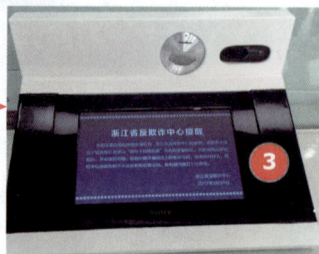

③

分值：3 分。

分值分布（分）：

(1) 营业窗口玻璃干净整洁（0.5）、通透明亮（0.5）；

(2) 整合相关提示牌摆放（1）；

(3) 可公示、发布信息资讯（1）。

考评方法：现场观察。

扣分点：(1)(2)。

以往扣分情况如下：

(1) 用 A4 纸或便签纸等在营业窗口玻璃张贴公示等；

(2) 柜台上摆满了各种提示牌、公示、信息资讯等，很乱。

> **温馨提示**
>
> 　营业窗口玻璃应干净整洁，别乱张贴；柜面也应整洁、清爽。整合柜台上各种介质，提高其技术含量。如存取款金额显示、产品推介、金融宣传、通话装置等皆可整合于一个液晶触摸显示器（见标准示范图 3）。

23 营业窗口配备客户座椅，客户使用体验舒适。

标准示范：

客户座椅 45 度角面向柜台，便于客户入座转向柜台。客户离开后，座椅自动恢复 45 度角原位。服务细致入微

弹性座椅带给客户舒适、放松的体验

分值：1 分。

分值分布（分）：

（1）营业窗口配备客户座椅（0.5）；

（2）客户使用体验舒适（0.5）。

考评方法：现场观察。

扣分点：（2）。

以往扣分情况如下：

（2）客户座椅体验不好，落座或起身不方便。

温馨提示

　　客户座椅应注重舒适性，椅子的弹性、扶手、靠背等都是很讲究的。尤其是靠背的仰角及垫腰应符合人的脊柱曲线走向，人坐上后才舒适不累，客户体验才会好。员工座椅也应如此，否则，员工坐在一个较劲的椅子上8个小时下来腰都酸了。

　　除此之外，客户在高、低柜书写签名的台面设计也可凸显"以客户为中心"的理念，即在普通台面的基础上延伸出一个台面专供客户使用，并微微向客户端倾斜5度角，或以放上一张A4纸不会滑下来为限，客户阅读、书写和签名时台面小坡度正好与手臂抬起的角度相吻合，客户体验很好。倾斜台面的末端也可设计一个微微凸起的小牙，以免客户物件滑落。如下图所示。

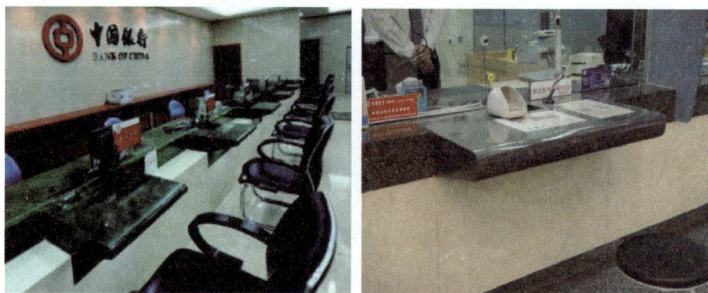

24　营业窗口语音对讲装置正常工作，通话音量适中，柜员点钞机显示清晰、无遮挡。

标准示范：

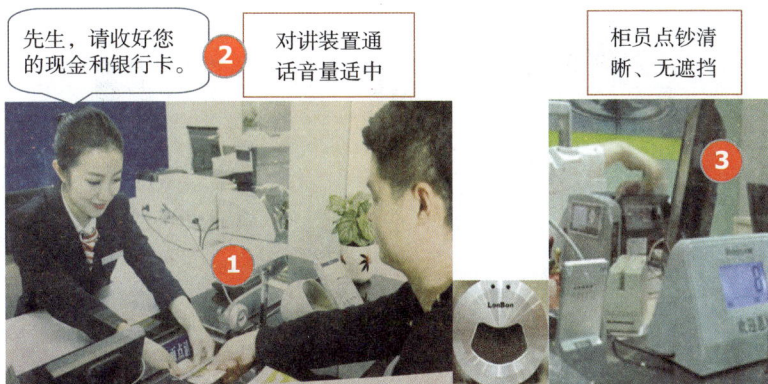

先生，请收好您的现金和银行卡。②

对讲装置通话音量适中

柜员点钞清晰、无遮挡

分值：3分。

分值分布（分）：

（1）营业窗口语音对讲装置正常工作（1）；

（2）通话音量适中（1）；

（3）柜员点钞机显示清晰（0.5）、无遮挡（0.5）。

考评方法：现场体验与调阅录像。

扣分点：（1）（3）。

以往扣分情况如下：

（1）语音对讲装置工作不正常，杂音较大；

（3）柜员点钞机未设置面向客户的显示屏等。

温馨提示

语音对讲装置要避免杂音；通话音量保持在柜员与客户都能听到为宜；柜员点钞机应让客户看到显示屏。这体现了业务办理的透明化，可增强客户的信任感。

25 有填单需要的，设置填单台及其他便利客户填单的服务设施，客户使用体验舒适，根据业务需要配备填单模板及单据，单据数量充足、业务用途明确，摆放有序，便于取用。

标准示范：

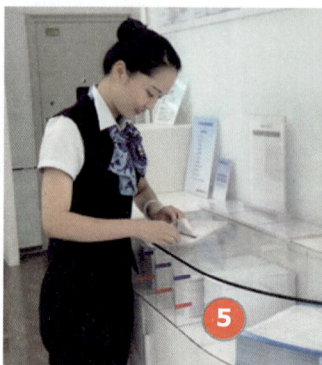

分值： 3分。

分值分布（分）：

（1）有填单需要的，设置填单台及其他便利客户填单的服务设施（1.5）；

（2）客户使用体验舒适（0.5）；

（3）根据业务需要配备填单模板及单据（0.2）；

（4）单据数量充足（0.2）、业务用途明确（0.2）；

（5）摆放有序（0.2），便于取用（0.2）。

考评方法： 现场观察，现场体验。

扣分点：（1）（5）。

以往扣分情况如下：

（1）未设置电子填单台，客户手工填单慢；

（5）单据摆放粗放、杂乱无章。

　　填单台的空白凭条应摆放有序，数量达到储存单格的 1/3 以上。并将由 2~4 联组成一套的凭证整套折叠一角，便于客户取用，还不会因客户多取或少取而整套浪费（见上左图）。填单台的设计可灵活多样，因地制宜。比如，可把复印机、点钞机等便民服务设施放在填单台下方抽屉里，以合理充分利用空间（见上右图）。

　　网点最好使用电子填单机帮客户填单，客户只需将第二代身份证往电子填单机指定位置一放，就可在屏幕上进行相应选择，打印客户基本信息，为客户节省了许多时间。如下图所示。

　　此外，现在的智能银行已开始使用智能填单台，客户通过选项方式轻松地就把单子填好了，并由填单系统自动将客户所办业务信息传递到柜台，客户只要按号到柜台办理业务即可。如下图所示。

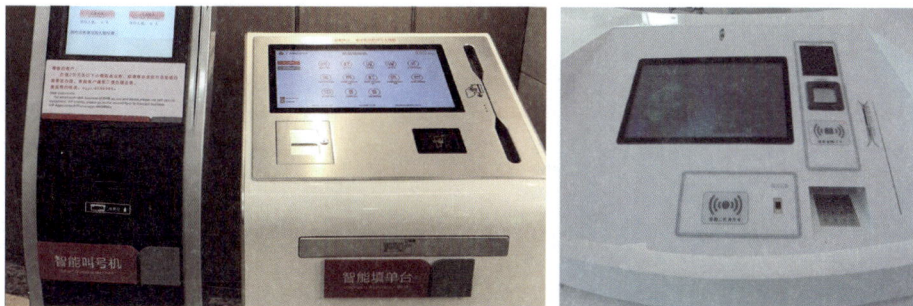

26　网点内明显位置设置中英文对照的客户意见簿。

标准示范：

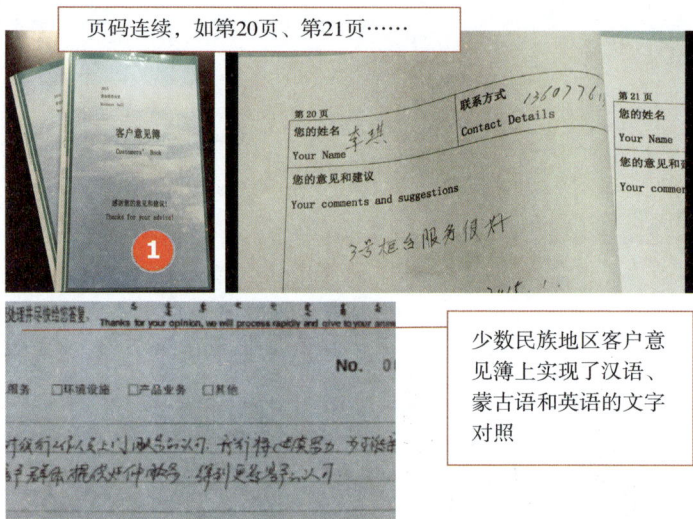

页码连续，如第20页、第21页……

少数民族地区客户意见簿上实现了汉语、蒙古语和英语的文字对照

分值：1分。

分值分布（分）：

（1）网点内明显位置设置中英文对照的客户意见簿（1）。

考评方法：现场观察、调阅资料，逐一评分。

扣分点：（1）。

以往扣分情况如下：

（1）客户意见簿放在抽屉里，无中英文对照，或未及时回应客户意见。

温馨提示

　　营业厅内明显位置如大堂引导台、客户等候区等地方设置中英文对照的客户意见簿，客户意见簿一般摆放近两年的，须连页；应及时响应和处理客户的意见和建议。客户意见簿也可改名为"客户心声"或"客户留言簿"等中性一点的名字。

27 网点明显位置设置便于客户使用的免拨直通客服电话，标识醒目，中英双语服务，操作流程图简明易懂且内容与实际相符。

标准示范：

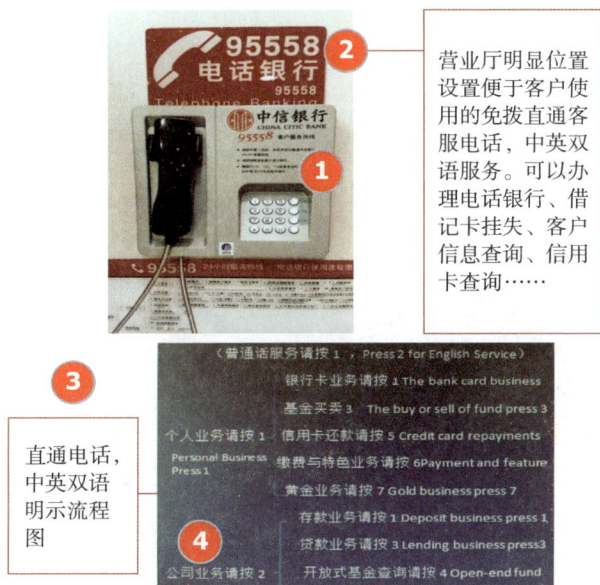

营业厅明显位置设置便于客户使用的免拨直通客服电话，中英双语服务。可以办理电话银行、借记卡挂失、客户信息查询、信用卡查询……

直通电话，中英双语明示流程图

分值： 3 分。

分值分布（分）：

（1）网点明显位置设置便于客户使用的免拨直通客服电话（1）；

（2）标识醒目（0.5）；

（3）中英双语服务（0.5）；

（4）操作流程图简明易懂且内容与实际相符（1）。

考评方法： 现场体验。

扣分点：（1）。

以往扣分情况如下：

（1）无免拨直通客服电话，或设置了电话，但拨不通。

> **温馨提示**
>
> 　　供客户使用的免拨直通电话应保持时刻畅通，避免电话广告。客户摘机等候时间一般不应超过 5 秒。免拨直通电话的音量应适中、清晰。话筒应保持清洁干净，不应有尘土或污渍。

28　网点水、电、气、火等方面无安全隐患，配备灭火器等消防设施，符合消防要求。

　　标准示范：

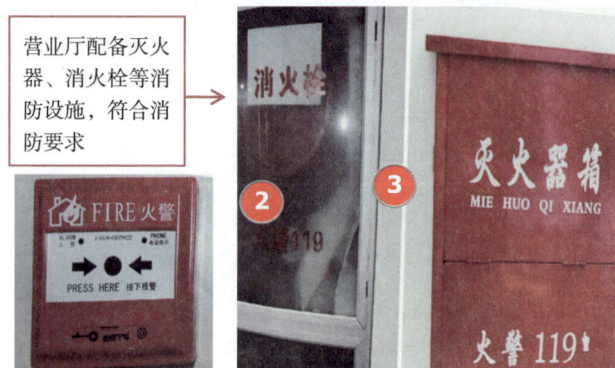

营业厅配备灭火器、消火栓等消防设施，符合消防要求

分值： 2 分。

分值分布（分）：

（1）网点水、电、气、火等方面无安全隐患（1）；

（2）配备灭火器等消防设施（0.5）；

（3）符合消防要求（0.5）。

考评方法：现场检查。

扣分点：（3）。

以往扣分情况如下：

（3）灭火器等消防设施装置在墙里，且标识不明显，虽有门可打开，但紧急情况下不易取用。

> **温馨提示**
>
> 　　灭火器等消防设施应接受消防部门的指导，正确摆放与使用。注意保持灭火设备内灭火材料的时效性。消防设施若装置在墙里的，墙外面的消防标识一定要醒目，且紧急情况下要易于取用。每年至少应进行一次全员消防学习培训，或现场消防设施的使用演练，确保每位员工都知晓消防设施的位置和使用方法。这是对客户和员工的生命财产负责。

第二章　　服务功能

　　本章主要由服务功能分区、业务功能、智能银行服务和自助银行服务四个部分组成，主要解决银行网点服务功能问题和盈利手段问题，客户来了网点能帮客户全方位办理所有银行业务。引导网点提升智能和智慧化能力水平。本章共 135 分，各部分分值详见下表。

服务功能（135 分）	
第一节　服务功能分区	20 分
第二节　业务功能	25 分
第三节　智能银行服务	45 分
第四节　自助银行服务	45 分

第一节　服务功能分区

本节主要标准与分值

服务功能分区（20 分）		
29	网点实现分区服务，包括咨询引导、客户等候、现金、非现金（含理财和代销产品销售专区）、电子银行（或智能银行）服务、自助服务、贵宾服务、公众教育（消费者权益保护）等相当功能的服务区域，且分区合理。	10 分
30	设置功能分区引导牌或平面分布图，制作规范统一，标识明显，指示方位、名称、功能与各区域相对应，且各区域位置明确、易于识别。	8 分
31	非对外营业区域有明显标识，办公楼与营业区域共享大厅的，与办公区域互通处有明显提示。	2 分

29 网点实现分区服务，包括咨询引导、客户等候、现金、非现金（含理财和代销产品销售专区）、电子银行（或智能银行）服务、自助服务、贵宾服务、公众教育（消费者权益保护）等相当功能的服务区域，且分区合理。

标准示范：

① 网点实现分区服务，分区合理

电子银行服务区 E-BANKING SERVICE	非现金服务区 NON-CASH	现金业务服务区 CASH BUSINESS
智能化服务区 CAPACITY SERVICE	客户等候区 CUSTOMER	贵宾服务（VIP）
便民服务 HAND SERVICE	填单区 FILLING AREA	理财服务区 FINANCE SERVICE
公众教育区 PUBLIC EDUCATION	咨询引导区 ADVISORY GUIDE	自助服务区 SELF-SERVICE

分值：10 分。

分值分布（分）：

（1）网点实现分区服务（1）；

（2）咨询引导（1）；

（3）客户等候（1）；

（4）现金区（1）；

（5）非现金区（含理财和代销产品销售专区）（1）；

（6）电子银行（或智能银行）服务（1）；

（7）自助服务（1）；

（8）贵宾服务（1）；

（9）公众教育（消费者权益保护）等相当功能的服务区域（1）；

（10）分区合理（1）。

考评方法：现场观察。

扣分点：（6）（8）（9）（10）。

以往扣分情况如下：

（6）电子银行、智能银行及互联网金融缺乏，客户体验不好，使用不方便；

（8）无贵宾服务项目，或无贵宾服务专区；

（9）忽视消费者权益保护工作，或不知道该怎么做消费者权益保护；

（10）网点虽然实现了分区服务，但分区服务流程不畅，再加上显示不明确，客户体验不好。

> **温馨提示**
>
> 各服务功能区应有明确的提示牌，应符合本行自身的文化与特色。并且规格、色彩须统一，中英文对照。具体各功能区如何进行布局，网点要因地制宜，做到方便、适用、美观即可。为了适用且美观，各区域标牌不必一定立于大厅地面，可悬挂于大厅顶上，倒垂于适当高度位置。如下图所示。

30 设置功能分区引导牌或平面分布图，制作规范统一，标识明显，指示方位、名称、功能与各区域相对应，且各区域位置明确、易于识别。

标准示范：

多功能电子导航图可为客户提供精确的分区路线图

分值：8分。

分值分布（分）：

(1) 设置功能分区引导牌或平面分布图（2）；

(2) 制作规范统一（1），标识明显（1）；

(3) 指示方位（1）、名称（1）、功能（1）与各区域相对应；

(4) 各区域位置明确、易于识别（1）。

考评方法：现场观察。

扣分点：（1）（4）。

以往扣分情况如下：

(1) 未设置功能分区引导牌或平面分布图；

(4) 区域位置不太明确，客户不易找寻。

> **温馨提示**
>
> 　　功能分区引导牌或平面分布图的制作应与大厅的装修浑然一体，制作规范、标识明确，便于客户识别与到位办理业务。引导牌或平面图的摆放位置应因地制宜，既方便客户阅览，又不碍事为宜。

31　非对外营业区域有明显标识，办公楼与营业区域共享大厅的，与办公区域互通处有明显提示。

标准示范：

办公楼与营业区共享大厅的，与办公区互通处有不同形式的明显文字标识和提示

分值：2分。

分值分布（分）：

（1）非对外营业区域有明显标识（1）；

（2）办公楼与营业区域共享大厅的，与办公区域互通处有明显提示(1)。

考评方法：现场观察。

扣分点：（2）。

以往扣分情况如下：

（2）网点营业区域与办公楼内部办公区域共享大厅，在与办公区域互通处未设明显提示。

温馨提示

　　大厅营业区域与内部办公区域互通处应设明显提示牌，并有员工关注与管理。这样可以避免客户误入办公区域而引起不必要的误会。同时也是网点内部办公保持良好秩序的需要。

第二节 业务功能

本节主要标准与分值

业务功能（25分）		
32	可受理人民币存款、取款、汇款、贷款等业务。	5分
33	可受理外币存款、取款，以及结售汇、货币兑换、外币汇划等业务。	5分
34	可受理存单、存折、信用卡、借记卡、IC 卡（芯片卡）等业务。	5分
35	可受理理财、贵金属、国债、证券、代销保险、代销基金、代收代付等业务。	5分
36	可受理网上银行、电话银行、手机银行等电子银行业务。	5分

32 可受理人民币存款、取款、汇款、贷款等业务。

标准示范：

营业执照（模板）

注册号 0000000000

名　　称　某某银行股份有限公司
类　　型　股份有限公司分公司
营业场所　某市某区某路 888 号
负 责 人　尹行
成立日期　年　月　日
营业期限　成立日至长期
经营范围　人民币存款、贷款、结算业务、票据贴现、
代理发行金融债券；代理发行、代理兑付、
销售政府债券；代理收付款项、代理保险；
外汇汇款、外汇存款、外汇兑换；国际结算；
结汇、售汇；外汇票据的承兑和贴现；外汇
借款；代客外汇买卖、买卖和代理买卖股票
以外的外汇有价证券；提供资信调查、咨询、
见证业务；经银监会批准的其他业务。

登记机关（公章）

年　月　日

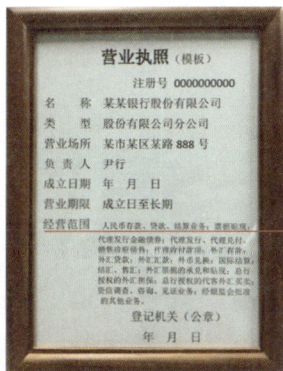

按照营业执照经营范围，可受理人民币存款、取款、汇款、贷款业务，人民币结算，票据贴现、对公业务的开销户、代理发行金融债券、销售政府债券……

现金业务服务区
Cash Business Service Area
①

信贷业务服务区
Loan Business Service Area
②

人民币存款利率

分值：5 分。

分值分布（分）：

（1）可受理人民币存款（1）、取款（1）、汇款（1）；

（2）贷款等业务（2）。

考评方法：现场观察。

扣分点：（2）。

以往扣分情况如下：

（2）无贷款等融资服务。

温馨提示

　　网点大小不同，业务功能不同，在人民币业务上存在差异，这很正常。汇款既可在柜台办理，也可在各种自助机具和智能机具上办理。智能机具上汇款额度最高可达 50 万元。无条件开办公司融资业务的网点应尽量开办个人消费贷款等个人融资业务，这是一个很好的利润来源渠道。

33　可受理外币存款、取款，以及结售汇、货币兑换、外币汇划等业务。

标准示范：

营业期限　成立日至长期

经营范围　人民币存款、贷款、结算业务；票据贴现；代理发行金融债券；代理发行、代理兑付、销售政府债券；代理收付款项；外汇存款、外汇贷款、外汇汇款；外币兑换；国际结算；结汇、售汇；外汇票据的承兑和贴现；总行授权的外汇担保；总行授权的代客外汇买卖；资信调查、咨询、见证业务；经银监会批准的其他业务。

登记机关（公章）

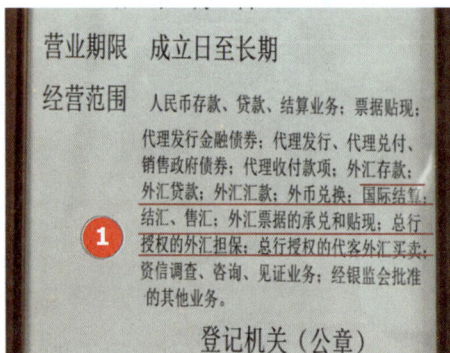

❶ 营业执照上经营范围已明确可受理外汇存款、取款、汇款、贷款，外币兑换，国际结算，结汇、售汇，外汇票据的承兑和贴现，总行授权的外汇担保，代客外汇买卖，以及结售汇、货币兑换、外币汇划等业务

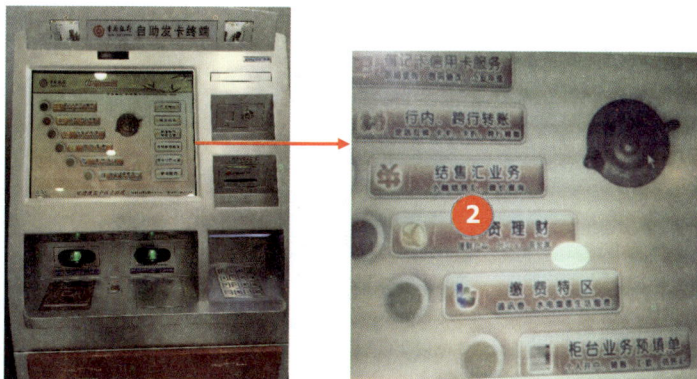

分值：5 分。

分值分布（分）：

（1）可受理外币存款（1）、取款（1）；

（2）结售汇（1）、货币兑换（1）、外币汇划（1）等业务。

考评方法：现场观察。

扣分点：（1）（2）。

以往扣分情况如下：

（1）未开办外币存款、取款业务；

（2）不能办理结售汇、货币兑换、外币汇划等业务。

> **温馨提示**
>
> 各行各网点定位不同，是否开办外汇业务完全由各行根据自身发展战略和条件而定。开办外汇业务的网点应时刻关注国家外汇管理政策的变化和汇率波动，执行好政策，化解汇率风险。

34 可受理存单、存折、信用卡、借记卡、IC 卡（芯片卡）等业务。

标准示范：

> 按授权范围，除可受理存单、存折、信用卡、借记卡、IC 卡(芯片卡)业务外，还可受理代发工资、保证金账户的开销户、银证等

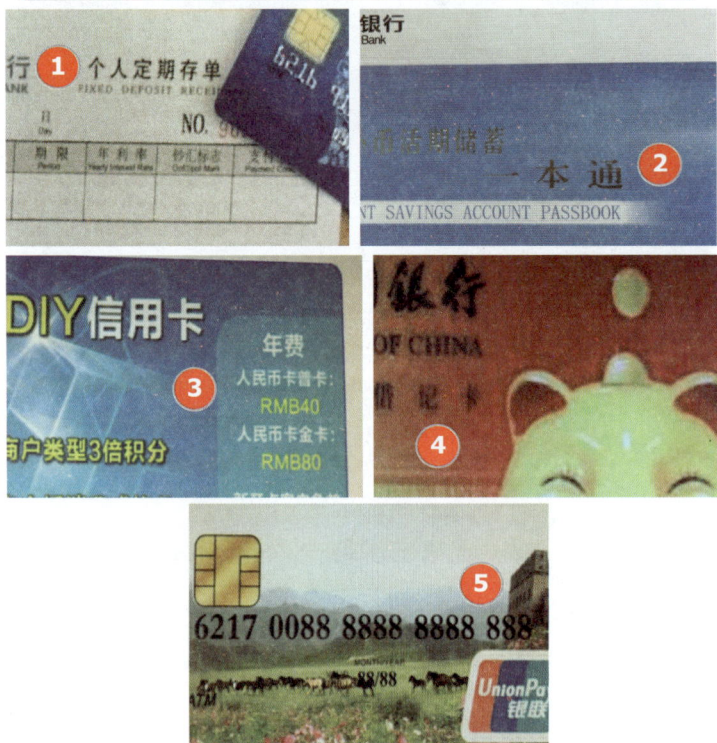

分值： 5 分。

分值分布（分）：

（1）可受理存单（1）；

（2）存折（1）；

（3）信用卡（1）；

（4）借记卡（1）；

（5）IC 卡（芯片卡）等业务（1）。

考评方法： 现场检查。

扣分点：（3）（5）。

以往扣分情况如下：

（3）不能受理信用卡或外卡业务；

（5）不能办理 IC 卡。

温馨提示

　　这些都是一个网点最基础的服务业务，网点应该尽量开办齐全，以满足客户的基本服务需求。上述业务能够通过机器办理的，尽量辅导、帮助客户自助办理，以方便客户。

35　可受理理财、贵金属、国债、证券、代销保险、代销基金、代收代付等业务。

标准示范：

有授权，有保险兼业代理许可证等，网点可受理理财、贵金属、保险、国债、基金、证券、代收代付等业务

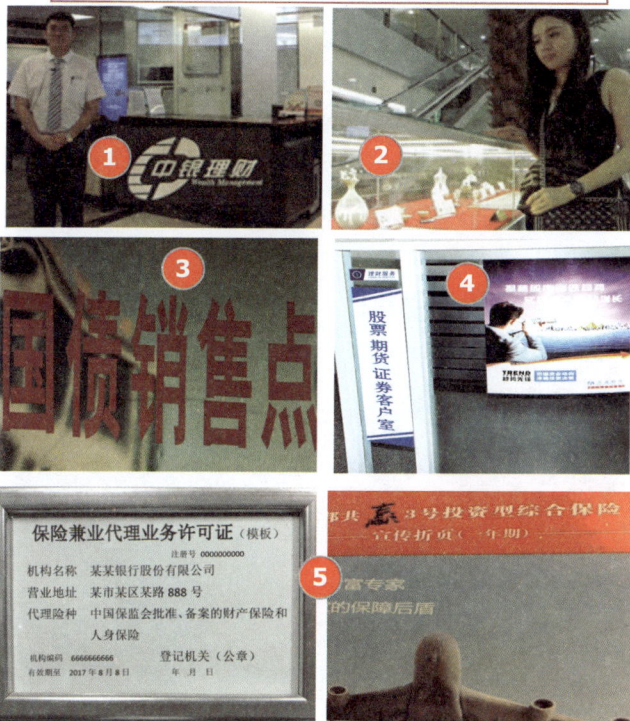

分值：5 分。

分值分布（分）：

（1）可受理理财（0.8）；

（2）贵金属（0.7）；

（3）国债（0.7）；

（4）证券（0.7）；

（5）代销保险（0.7）；

（6）代销基金（0.7）；

（7）代收代付等业务（0.7）。

考评方法：现场观察。

扣分点：（2）（4）（5）（6）。

以往扣分情况如下：

（2）无贵金属业务；

（4）不能受理证券相关业务；

（5）不能代销保险；

（6）不能代销基金。

本条所述各类业务，网点应尽量开办，以增加中间业务收入。

> **温馨提示**
>
> 　　中间业务是银行网点转型的首选业务，也是银行改善业务结构，进而改善收入结构的必经之路。近年来，各银行为了增加中间业务收入而加大投入，全力以赴打拼中间业务市场。

36 可受理网上银行、电话银行、手机银行等电子银行业务。

标准示范：

分值： 5 分。

分值分布（分）：

（1）可受理网上银行（2）；

（2）电话银行（1）；

（3）手机银行（2）。

考评方法： 现场观察。

扣分点：（3）。

以往扣分情况如下：

（3）不能受理手机银行业务，或手机银行功能不全，不方便使用。

温馨提示

　　网上银行、电话银行、手机银行是未来商业银行业务发展的一个方向，哪家银行在这方面舍得投入，哪家银行将会在未来市场中占得先机。

第三节　智能银行服务

本节主要标准与分值

智能银行服务（45分）			
37	在电子（智能）银行、贵宾服务区域为客户提供与网上银行、手机银行等线上渠道对接的设施或智能设备，相关风险提示、客户信息安全及私密保护措施到位。		5分
38	提高智能科技应用和资源配置效率，为客户提供多渠道预约、预处理、自助开户、远程银行（VTM/ITM）、智能互动桌面、人脸识别、直销银行、自助缴费、自助理财、自助结售汇、自助外币兑换、无卡取款等至少五种智能化服务功能，促进服务流程优化。		15分
39	为客户提供移动金融、微信银行、电商平台、社交营销等至少两种互联网金融服务。		10分
40	电子（智能）银行设施设备界面友好、设置合理，主要业务操作流程清晰准确，提升客户体验。		10分
41	有必要的监测设施或手段，电子（智能）银行设施设备不能供客户使用时设置暂停服务或相应提示标识，并及时排除故障。		5分

37　在电子（智能）银行、贵宾服务区域为客户提供与网上银行、手机银行等线上渠道对接的设施或智能设备，相关风险提示、客户信息安全及私密保护措施到位。

标准示范：

智能柜员机

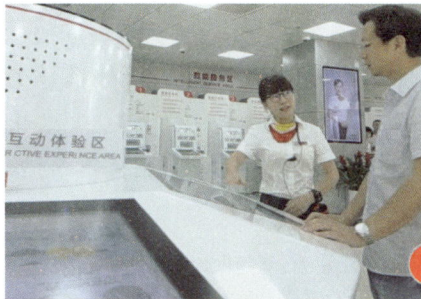

在电子（智能）银行服务区为客户提供网上银行、手机银行服务，私密保护措施到位

贵宾区电子银行加上遮挡板，使客户私密保护措施到位，风险提示到位

分值：5分。

分值分布（分）：

（1）在电子（智能）银行（1）、贵宾服务区域（1）为客户提供与网上银行（1）、手机银行（1）等线上渠道对接的设施或智能设备；

（2）相关风险提示到位（0.5）；

（3）客户信息安全及私密保护措施到位（0.5）。

考评方法：现场观察。

扣分点：（2）（3）。

以往扣分情况如下：

（2）相关风险提示不到位；

（3）客户信息安全保护措施和客户私密保护措施不到位。

温馨提示

　　考评标准中专门强化了网点的智能化建设，本条标准事实上是对电子（智能）银行和贵宾服务两个区域的智能化建设做出引导性规定。智能（慧）银行是时代金融的领跑者，有条件的银行应加大智能化投入。智能银行的优势：一是服务效率高。智能银行依托现代科技信息技术支持、人性化的服务理念，改变了传统银行"客户—柜员—设备"服务模式，实现了"客户—设备"的直接互动，可自助办理零售银行90%以上的业务和部分对公业务，大大提高了服务效率。二是服务质量好。智能柜员机等同于一名业务处理人员，触摸式、友好化、简便性的操作菜单使客户能够轻松地选择自己想要办理的金融业务，同时省去了填纸质单的烦琐，很少出现差错。三是精准服务。凭借快速客户数据分析，员工可以掌握客户的历史服务记录，以及潜在消费需求，网点可有针对性地为客户提供量身定做的服务与产品。四是提升客户良好体验，增强银行产品与服务对客户的吸引力。五是节约成本。六是能解放劳动生产力。

　　创新智能移动金融渠道，提供全方位的银行、保险、基金、证券、外汇、债券、贵金属、缴费、旅游、购物等操作平台服务。智能银行引领着银行网点转型发展，甚至改变了银行网点的劳动组合形式与资源投入模式。过去客户围绕柜台转，现在柜员走出柜台围绕客户转。如下图所示。

38　　提高智能科技应用和资源配置效率，为客户提供多渠道预约、预处理、自助开户、远程银行（VTM/ITM）、智能互动桌面、人脸识

别、直销银行、自助缴费、自助理财、自助结售汇、自助外币兑换、无卡取款等至少五种智能化服务功能，促进服务流程优化。

标准示范：

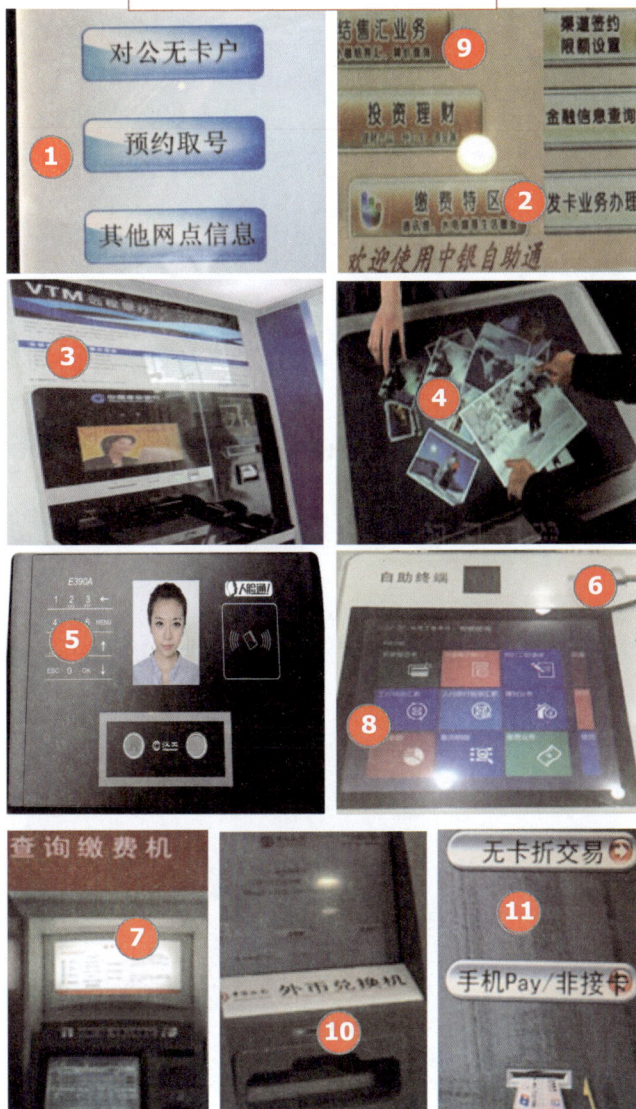

以下几种智能化服务设备具备五种即可，当然功能和种类越多越好

分值：15 分。

分值分布（分）：

（1）提高智能科技应用和资源配置效率，为客户提供多渠道预约、预处理；

（2）自助开户；

（3）远程银行（VTM/ITM）；

（4）智能互动桌面；

（5）人脸识别；

（6）直销银行；

（7）自助缴费；

（8）自助理财；

（9）自助结售汇；

（10）自助外币兑换；

（11）提供无卡取款等至少五种智能化服务功能，促进服务流程优化。

考评方法：现场观察。

扣分点：网点按标准要求需向客户提供上述智能化服务中的至少五种，提供一种得 3 分，只要能提供五种智能化服务便可得 15 分，缺少一种扣 3 分。

以往扣分情况如下：

网点只配备了二至四种智能设施，不足五种。

> **温馨提示**
>
> 　　智能银行引领着银行网点发展的方向。未来银行网点应该具有以下特点：一是方便、快捷。未来社会的工作节奏、生活节奏只会变得越来越快，人们对银行服务的要求只会越来越高，方便、快捷就成了客户的基本需求。而要做到方便、快捷，银行必须运用高科技与现代信息技术。二是体验好。高品质的个性化金融服务和良好的服务体验是未来人们金融消费所追求的时尚。这就要求银行网点必须做好体验化服务，并不断提升客户体验，实现客户从"到店"

到"逛店"的转变。三是文明规范服务。四是服务渠道广泛，方便使用。五是服务流程优化，服务链条缩短。智能银行能够很好地满足这五点需求。因此，可以说智能银行就是银行网点未来大面积改造和布局的方向，它引领着未来银行网点的转型发展。并且在互联网金融和同业竞争双重压力下，智能化将由现在的零售（个金）不断向批发（公司）业务，乃至银行的整个经营管理演化。

39　为客户提供移动金融、微信银行、电商平台、社交营销等至少两种互联网金融服务。

标准示范：

以下几种具备任意两种即可　**1**

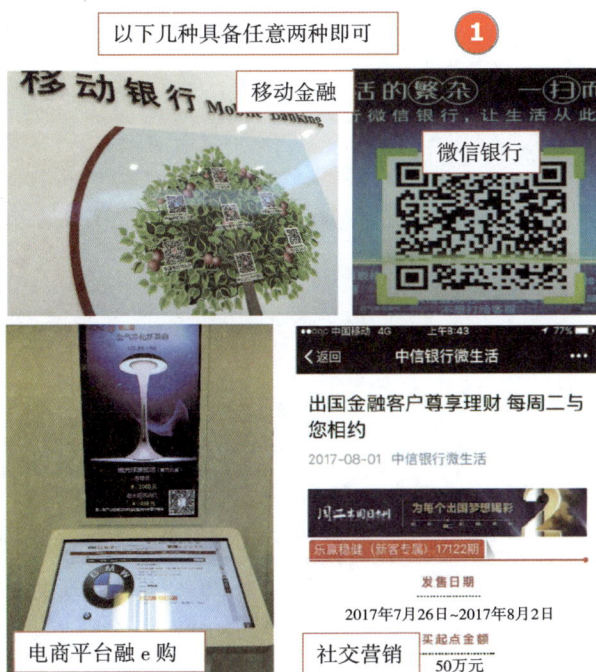

移动金融

微信银行

电商平台融e购

社交营销

分值：10 分。

分值分布（分）：

（1）为客户提供移动金融、微信银行、电商平台、社交营销等至少两种互联网金融服务（10）。

考评方法：现场观察。

扣分点：若以上四种互联网金融服务中只有一种得 5 分；一种都没有扣 10 分。

以往扣分情况如下：

有的网点仅有一种互联网金融服务，扣 5 分。

> ### 温馨提示
>
> 　　四种互联网金融服务只要具备两种就可以得到 10 分。如此定标准也是希望银行紧跟互联网金融步伐，改革创新，提高服务效率。本条标准引导网点：一是打造具有金融服务特色的电商"平台"。这是把控住商品流、信息流、资金流的一个重要选择，也是商业银行转型成为"金融＋信息"服务提供商的基础建设。二是让"数据"强化服务功能。未来一家优秀的银行应该是具备强大数据分析、数据解读能力的银行，从数据中洞悉商机，获取价值。相比互联网企业，商业银行的交易数据和账户信息范围更广、历史更长，数据的潜在价值也更大。三是支付创新。商业银行应充分发挥自身金融服务专长，主动融入互联网金融生态变革大局，努力成为互联网金融创新的引领者。例如，工商银行联手京东把银行开到了互联网上；建设银行与阿里巴巴、蚂蚁金服进行战略合作，销售理财产品等。四是融资创新。银行可利用有牌照、资金优势，特别是互联网企业难以企及的风险管理技术、经验和人才的优势。针对客户迅速增长的网络融资需求，抓紧从制度、机制、流程等方面对现有融资产品进行互联网化改造，实现客户营销的精准化、业务审批的自动化以及风险控制的模型化，设计开发出更多可以直接在线上办理、更贴合客户需求的产品。五是投资理财创新。应借鉴互联网理财"客户门槛低、操作更便捷、产品标准化"的理念，对现有投资理财产品进行电商化改造，改善操作和交易体验，开发针对"长尾"客户的低购买起点、高流动性的互联网专属便民理财产品，扩大普惠金融服务。更为重要的是，发挥好银行专业优势，丰富账户交易类、贵金属等投资产品，满足客户投资、获利、避险等不同需求。如下图所示。

40 电子（智能）银行设施设备界面友好、设置合理，主要业务操作流程清晰准确，提升客户体验。

标准示范：

分值： 10 分。

分值分布（分）：

（1）电子（智能）银行设施设备界面友好、设置合理（2）；

（2）主要业务操作流程清晰准确（4），提升客户体验（4）。

考评方法： 现场观察。

扣分点：（1）（2）。

以往扣分情况如下：

（1）电子（智能）银行设施设备界面设置不合理，客户不易找到要办理的业务模块；

（2）客户体验不好。

> **温馨提示**
>
> 　　电子（智能）银行设施设备界面设计应美观，易进行业务识别，设置合理，业务操作流程清晰准确，客户操作越简便越好，客户容易操作、体验良好。

41　　有必要的监测设施或手段，电子（智能）银行设施设备不能供客户使用时设置暂停服务或相应提示标识，并及时排除故障。

标准示范：

分值：5分。

分值分布（分）：

（1）有必要的监测设施或手段（1）；

（2）电子（智能）银行设施设备不能供客户使用时设置暂停服务或相应提示标识（2）；

（3）及时排除故障（2）。

考评方法：现场观察、调阅监控录像等。

扣分点：（1）（3）。

以往扣分情况如下：

（1）无必要的监测设施或手段，设备老化，监测效果不好；

（3）故障排除不及时。

> **温馨提示**
>
> 　　智能设施设备内应有监控程序，一旦出现情况能及时发现，及时排除故障，并保持监测效果良好。若发现有客户遗忘物品，及时通知网点收好，通知或等待客户领取。并保存好监控资料，备查。

第四节 自助银行服务

本节主要标准与分值

自助银行服务（45分）		
42	自助服务区域与营业厅内部连通或在同一建筑内，24小时提供服务，外部标识醒目、规范、整洁，中英文对照。	2分
43	自助服务区域配备数量满足客户需求、具备存取款功能的自助机具（其中至少有一台为存取款一体机），一台（含）以上具有缴费、补登折等至少一种功能的自助机具，摆放合理。	5分
44	自助设备编号明晰，维护管理到位。	2分
45	具有存取款功能的自助机具明示人民币冠字号查询标识，标识醒目；可受理信用卡、外卡业务，显示屏或机具上规范明示受理外卡的标识，并有中英文显示界面或双语操作提示。	4分
46	自助服务区域设置便于客户使用的免拨直通客服电话，并实现中英双语服务，标识醒目，操作流程图简明易懂且内容与实际相符。	4分
47	客户进入自助服务区域或使用自助机具时，通过屏显或语音适时进行安全、免责及风险等提示。	4分
48	自助服务区域设置一米线等保护客户隐私的功能设施，各机具之间设置遮挡板，或设置封闭、客户独立使用的安全仓及安全区域。	4分
49	自助服务区域设置在录像监控范围内，且客户在自助服务区域的活动均在监控范围内。	5分
50	自助服务区内每台具备存款、取款、转账功能的自助机具设置应急呼叫装置（按钮），位置合理，标识醒目，响应及时。	5分
51	自助机具正常运行，不能供客户使用时设置暂停服务或相应提示标识，并及时排除故障。	5分
52	有必要的监测设施与手段，确保加装钞及时、响应客户应急需求（吞卡、钞）及时。	5分

42 自助服务区域与营业厅内部连通或在同一建筑内，24小时提供服务，外部标识醒目、规范、整洁，中英文对照。

标准示范：

自助服务区域与营业厅内部连通，方便大堂经理分流、引导和辅导客户使用自助机具

分值：2分。

分值分布（分）：

（1）自助服务区域与营业厅内部连通或在同一建筑内（0.2）；

（2）24小时提供服务（0.4）；

（3）外部标识醒目（0.4）、规范（0.3）、整洁（0.3）；

（4）中英文对照（0.4）。

考评方法：现场观察。

扣分点：（1）（3）（4）。

以往扣分情况如下：

（1）网点自助服务区域不与营业厅内部连通，甚至不在同一建筑内，而在马路对面；

（3）外部标识不规范、简陋，自助银行标牌有尘土、污渍，灯箱灯光不正常等；

（4）无中英文对照。

温馨提示

　　自助服务区域最好与营业厅内部连通，这样方便大堂工作人员分流与辅导客户及每天的巡视工作。注意外部标识要规范、整洁、无污渍，灯箱灯光正常工作等。如下图所示。

43 自助服务区域配备数量满足客户需求、具备存取款功能的自助机具（其中至少有一台为存取款一体机），一台（含）以上具有缴费、补登折等至少一种功能的自助机具，摆放合理。

标准示范：

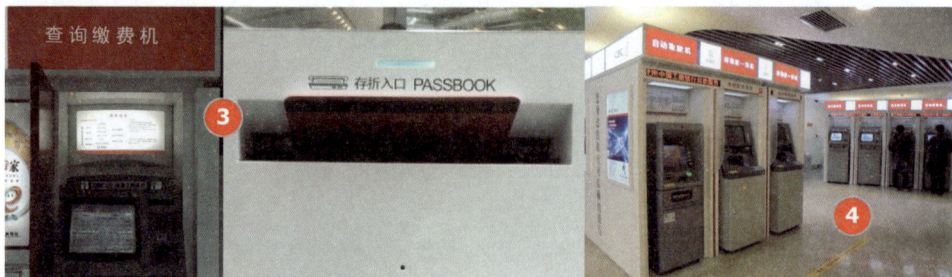

分值：5分。

分值分布（分）：

（1）自助服务区域配备数量满足客户需求（1.5）；

（2）具备存取款功能的自助机具（其中至少有一台为存取款一体机）（1.5）；

（3）一台（含）以上具有缴费、补登折等至少一种功能的自助机具（1）；

（4）摆放合理（1）。

考评方法：现场观察。

扣分点：（1）（3）。

以往扣分情况如下：

（1）自助服务区自助机具数量满足不了客户的需求；

（3）无具有缴费、补登折等功能的自助机具。

温馨提示

　　视客户量情况投入足够的ATM、ITM、VTM等自助机具可以提高服务效率，提高客户满意度。另外，自助机具应提高科技含量。比如有的自助机具就集存折打印、缴费、转账汇款、定期存款、自助理财、自助开立借记卡、自助开通信用卡、购买保险、购买基金等业务于一体。如下图所示。

44 自助设备编号明晰，维护管理到位。

标准示范：

分值： 2分。

分值分布（分）：

（1）自助设备编号明晰（1）；

（2）维护管理到位（1）。

考评方法： 现场观察，调阅投诉资料，抽查录像等。

扣分点：（2）。

以往扣分情况如下：

（2）自助设备管理不到位，客户被自助设备吞钞后拨打客服电话，客服电话说找不到这台设备的编号；或有功能故障，不能正常使用。

> **温馨提示**
>
> 　　网点自助机具应随时维护管理到位，防止不法分子安装探头等异物，前台的设备编码要与后台监督服务系统逐一对上，确保管理的有效性。另外还要确保自助机具处于正常安全的工作状态。

45　　具有存取款功能的自助机具明示人民币冠字号查询标识，标识醒目；可受理信用卡、外卡业务，显示屏或机具上规范明示受理外卡的标识，并有中英文显示界面或双语操作提示。

标准示范：

显示屏或机具上明示受理外卡，中英文显示或双语操作提示

具有存取款功能的自助机具，可受理信用卡、外卡业务

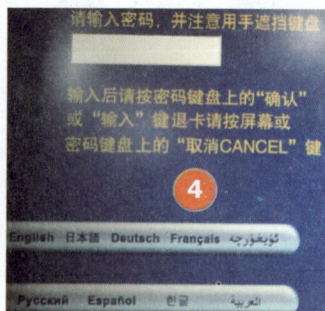

分值：4分。

分值分布（分）：

（1）具有存取款功能的自助机具明示人民币冠字号查询标识（0.5），标识醒目（0.5）；

（2）可受理信用卡（1）、外卡业务（0.5）；

（3）显示屏或机具上规范明示受理外卡的标识（0.5）；

（4）有中英文显示界面或双语操作提示（1）。

考评方法：现场观察。

扣分点：（1）（4）。

以往扣分情况如下：

（1）网点的ATM无人民币冠字号查询功能，也就没有人民币冠字号查询标识；

（4）ATM无中英文显示界面或双语操作提示。

> **温馨提示**
>
> 网点应对无人民币冠字号查询功能的自助机具分期分批更换升级为有人民币冠字号查询功能的自助机具，提高硬件服务能力，还能减少或有效解决自动取款机"出假钞"的纠纷。随着改革开放的深化和"一带一路"倡议的推进，中国正在融入和领跑世界经济，到中国工作、学习、生活、旅游和居住的外籍人士越来越多。银行的中英双语及多语种服务已成为现实。自助机具应不断扩展服务功能，逐步实现中英文双语和多语种服务。

46 自助服务区域设置便于客户使用的免拨直通客服电话，并实现中英双语服务，标识醒目，操作流程图简明易懂且内容与实际相符。

标准示范：

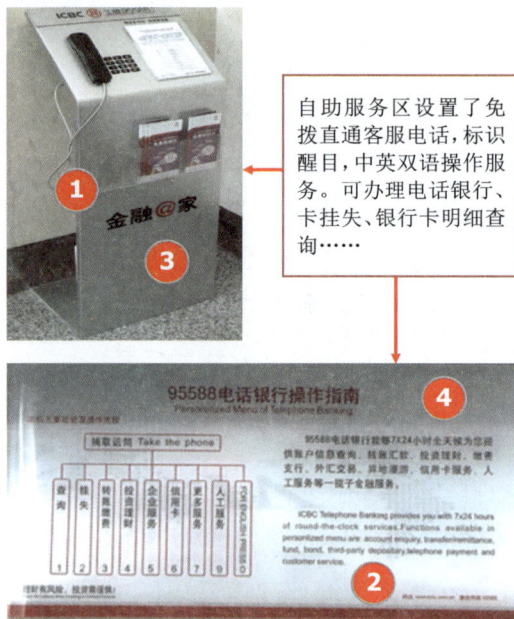

自助服务区设置了免拨直通客服电话，标识醒目，中英双语操作服务。可办理电话银行、卡挂失、银行卡明细查询……

分值：4分。

分值分布（分）：

（1）自助服务区域设置便于客户使用的免拨直通客服电话（1）；

（2）实现中英双语服务（1）；

（3）标识醒目（1）；

（4）操作流程图简明易懂且内容与实际相符（1）。

考评方法：现场观察，体验应用。

扣分点：（1）（2）。

以往扣分情况如下：

（1）自助银行区域未设置免拨直通客服电话；

（2）免拨直通客服电话无中英双语服务。

温馨提示

　　自助服务区域设置便于客户使用的免拨直通客服电话是为了帮助和解决客户紧急需求用的，一定要24小时保持一拨就通的状态，及时帮助客户解决问题。

47 客户进入自助服务区域或使用自助机具时，通过屏显或语音适时进行安全、免责及风险等提示。

标准示范：

客户进入自助服务区使用自助机具时，通过屏显进行安全、免责及风险等提示……

公安机关提醒您，不要给陌生账号汇款……

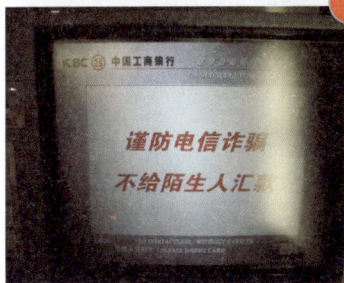

当您在取款，或存钱时，请小心周围环境，防止抢劫事件发生……

分值： 4分。

分值分布（分）：

（1）客户进入自助服务区域或使用自助机具时，通过屏显或语音适时进行安全、免责及风险等提示（4）。

考评方法： 现场体验评分。

扣分点： 无。

以往扣分情况如下：

无。此条在历次考评中未扣过分。

> **温馨提示**
>
> 　　通过屏显或语音进行安全、免责及风险等提示是为了保护客户的人身和财产安全，自助服务区应按要求提示到位。同时，语音提示还可对不法分子进行心理威慑。

48　自助服务区域设置一米线等保护客户隐私的功能设施，各机具之间设置遮挡板，或设置封闭、客户独立使用的安全仓及安全区域。

标准示范：

自助银行各机具之间设置了遮挡板，增加私密性……

自助银行安全仓为客户提供了独立、私密的自助业务操作空间……

分值： 4 分。

分值分布（分）：

（1）自助服务区域设置一米线等保护客户隐私的功能设施（1）；

（2）各机具之间设置遮挡板，或设置封闭、客户独立使用的安全仓及安全区域（3）。

考评方法： 现场观察评分。

扣分点：（1）（2）。

以往扣分情况如下：

（1）未设置一米线；

（2）各机具之间未设置遮挡板，或设置的遮挡板不符合要求，起不到遮挡作用；也未设置封闭、客户独立使用的安全仓等。

温馨提示

　　本条是直接对自助服务区物件进行规定，以切实保障客户安全。供客户使用的安全仓最好有一个能方便轮椅进出，如下左图所示。中国已进入老龄化社会，坐轮椅来网点办理业务的客户会越来越多。因此，安全仓要做得实用、美观和人性化。如下右图所示。

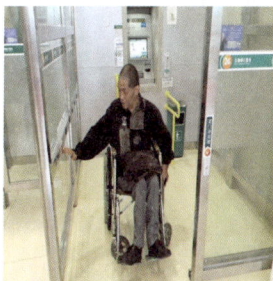

该安全仓因地制宜地做了一个弧形，采用玻璃材质，上半部分（包括仓内机具之间的隔板）采用磨砂玻璃，起到私密保护作用；下半部分采用透明玻璃，客户若在其中突发意外，可以被仓外大堂工作人员清楚地注意到，又多一层安全。而且灯光与色调衬托得很有品味

49 　自助服务区域设置在录像监控范围内，且客户在自助服务区域的活动均在监控范围内。

标准示范：

自助服务区设置在录像监控范围内
①

客户进入自助服务区、使用自助机具等均在监控范围内
②

分值：5分。

分值分布（分）：

（1）自助服务区域设置在录像监控范围内（2.5）；

（2）客户在自助服务区域的活动均在监控范围内（2.5）。

考评方法：查看监控录像。

扣分点：（2）。

以往扣分情况如下：

（2）客户在自助服务区使用自助机具的监控录像不清晰。

> **温馨提示**
>
> 　　客户在自助服务区使用自助机具的监控录像不清晰，录像资料无法使用等于无监控。保护客户安全的设施该投入的要投入，且还要保证其使用的有效性。

50　自助服务区内每台具备存款、取款、转账功能的自助机具设置应急呼叫装置（按钮），位置合理，标识醒目，响应及时。

标准示范：

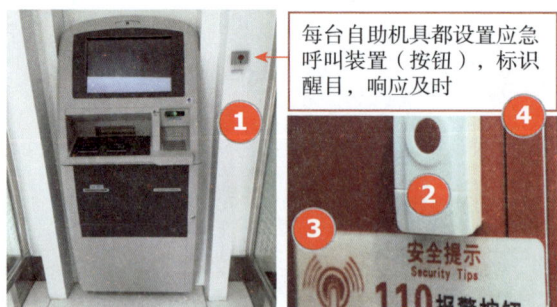

每台自助机具都设置应急呼叫装置（按钮），标识醒目，响应及时

分值：5分。

分值分布（分）：

（1）自助服务区内每台具备存款、取款、转账功能的自助机具设置应急呼叫装置（按钮）（2）；

（2）位置合理（1）；

（3）标识醒目（1）；

（4）响应及时（1）。

考评方法：现场观察，逐一评分。

扣分点：（1）（2）（4）。

以往扣分情况如下：

（1）自助服务区内未做到在每台存款、取款、转账功能的自助机具上设置应急呼叫装置；

（2）装了应急呼叫装置，但位置不合理，不方便客户在紧急情况下使用；

（4）应急呼叫装置反应不灵敏，接触不良。

> **温馨提示**
>
> 　　这是一条针对客户在自助银行办理业务遭遇紧急情况的保护措施，反应一定要及时，这关系到消费者生命财产安全。建议每个网点自助银行的每台具备存款、取款、转账功能的自助机具都装上应急呼叫装置。

51　自助机具正常运行，不能供客户使用时设置暂停服务或相应提示标识，并及时排除故障。

标准示范：

分值：5分。

分值分布（分）：

（1）自助机具正常运行（2）；

（2）不能供客户使用时设置暂停服务或相应提示标识（1.5）；

（3）及时排除故障（1.5）。

考评方法：现场观察，调阅监控录像。

扣分点：（2）（3）。

以往扣分情况如下：

（2）自助机具不能供客户正常使用时未及时设置相应提示标识；

（3）设备多天未维修好。

温馨提示

　　网点应做好自助银行服务区内自助机具的监控管理，发现故障及时处理；仅这样还不够，有的自助机具虽能正常工作，但机具年代久远能力老化，服务能力低下。如存入 10000 元现钞，ATM 吐出一半，再存再吐，来回不经过几个回合是存不好钱的。有的对新钞更是卡钞。应按使用年限定期对这类机具更新换代。

---

52 有必要的监测设施与手段，确保加装钞及时、响应客户应急需求（吞卡、钞）及时。

标准示范：

① 自助设备监控平台，实时监控自助机具的运行情况

② 正在加钞中 请您稍候！

当设备发生故障、吞卡、缺钞、缺纸等情况时通过短信、邮件通知

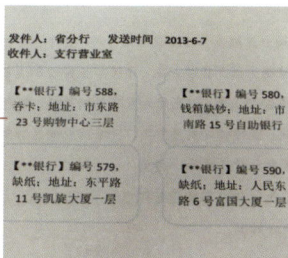

发件人：省分行　发送时间　2013-6-7
收件人：支行营业室

【**银行】编号588，吞卡；地址：市东路23号购物中心三层

【**银行】编号580，钱箱缺钞；地址：市南路15号自助银行

【**银行】编号579，缺纸；地址：东平路11号凯旋大厦一层

【**银行】编号590，缺纸；地址：人民东路6号富国大厦一层

支行按照自助机具吞卡、吞钞应急解决方法，双人出入及时解决，响应客户应急需求（吞卡、钞）

分值： 5分。

分值分布（分）：

（1）有必要的监测设施与手段（2）；

（2）确保加装钞及时（1.5）；

（3）响应客户应急需求（吞卡、钞）及时（1.5）。

考评方法： 调阅录像，逐一评分。

扣分点：（2）（3）。

以往扣分情况如下：

（2）加装钞不及时，客户抱怨；

（3）客户被吞卡或吞钞后得不到及时解决。

温馨提示

　　应强化对自助银行中自助机具的监测管理，尤其是对吞卡、钞的监测十分有必要，对监测到的吞卡、钞的情况，应及时处理；对客户遗忘卡、钞的情况，应主动通知客户到银行来领取。这方面还应制订相应的应急预案，并实时处理好。千万不要让吞卡、钞的一般不满问题升级为恶性事件。

本章由服务价格公示、服务资讯发布与产品营销宣传两个部分组成。主要强调明码标价、信息对称、以诚相待，解决银行与客户之间的信任问题。本章共60分，各部分分值详见下表。

信息管理（60分）	
第一节　服务价格公示	25分
第二节　服务资讯发布与产品营销宣传	35分

第一节　服务价格公示

本节主要标准与分值

服务价格公示（25分）		
53	在营业厅、理财（代销）产品销售、贵宾及自助服务区域显著位置通过至少一种方式，向客户公示本区域常用服务价格及免费服务项目表，标识醒目，中英文对照，字体清晰，便于查阅；通过电子屏显渠道公示的，翻页及时。	6分
54	在网点内显著位置摆放或电子显示本系统全部服务价格目录册，包括对私服务、对公服务、收费项目、免费项目，及时更新，客户查阅方便。	6分
55	及时在网点显著位置公告各类服务变更调整、价格变动信息，明确生效日期。	4分
56	在向客户提供服务前，告知收费与否及各个服务环节的计费标准（包括减免优惠政策）和收费金额，充分尊重客户知情权；实际收取的服务费用与公示相符。	5分
57	客户明确表示不接受相关服务价格的，不得强制客户接受服务，充分尊重客户自主选择权。	4分

53 在营业厅、理财（代销）产品销售、贵宾及自助服务区域显著位置通过至少一种方式，向客户公示本区域常用服务价格及免费服务项目表，标识醒目，中英文对照，字体清晰，便于查阅；通过电子屏显渠道公示的，翻页及时。

标准示范：

在自助服务区向客户公示本区域常用服务价格及免费服务项目表

在营业厅、理财（代销）产品销售、贵宾服务区域显著位置通过至少一种方式，向客户公示本区域常用服务价格及免费服务项目表

通过电子屏显渠道公示的，滚动播放，翻页及时

分值：6分。

分值分布（分）：

（1）在营业厅、理财（代销）产品销售、贵宾及自助服务区域显著位置通过至少一种方式，向客户公示本区域常用服务价格（1）及免费服务项目表（1）；

（2）标识醒目（0.5），中英文对照（0.5），字体清晰（1），便于查阅（1）；

（3）通过电子屏显渠道公示的，翻页及时（1）。

考评方法：现场检查，调阅相关文件。

扣分点：（1）。

以往扣分情况如下：

（1）公示了收费价格，但未公示免费服务项目。

> **温馨提示**
>
> 　　应在营业厅、理财（代销）产品销售、贵宾及自助服务4个区域的显著位置通过至少一种方式，向客户公示本区域常用服务价格及免费服务项目表。价格公示应全面，收费服务价格、免费服务项目应一起公布，尊重客户的知情选择权。且中英文对照，字体清晰，便于查阅。这也是在培养一种诚信文化和诚信行为，"诚信不是一种高深空洞的理念，是实实在在的言出必行，点点滴滴的细节"（引自《马云的哲学》），细节工作做好了，会获得客户的信赖。

54　在网点内显著位置摆放或电子显示本系统全部服务价格目录册，包括对私服务、对公服务、收费项目、免费项目，及时更新，客户查阅方便。

标准示范：

在营业厅内公示对私服务、对公服务、收费项目、免费项目，中英文对照，方便客户查阅

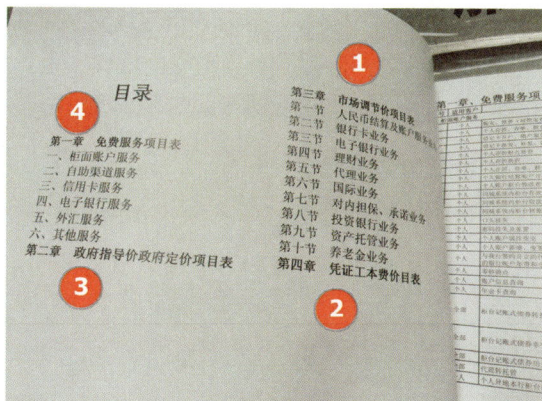

分值：6分。

分值分布（分）：

（1）在网点内显著位置摆放或电子显示本系统全部服务价格目录册（1），包括对私服务（1）；

（2）对公服务（1）；

（3）收费项目（1）；

（4）免费项目（1）；

（5）及时更新（0.5），客户查阅方便（0.5）。

考评方法：现场查阅。

扣分点：（4）（5）。

以往扣分情况如下：

（4）只公布收费服务价格目录，未公布免费服务项目；

（5）网点把服务价格目录册放桌面内侧的抽屉里，客户需要查询时再拿出来。

温馨提示

　　全系统全部服务价格目录册一般摆放在大堂引导台，或其他显著位置，便于客户查阅。随着外宾的增加，为了方便外宾客户办理业务，可把服务价目表做成中英双语对照表。如下图所示。

银行服务价目表（中文版）
BANK SERVICE PRICE CATALOGUE CHINESE EDITION

银行服务价目表（英文版）
BANK SERVICE PRICE CATALOGUE ENGLISH EDITION

55 及时在网点显著位置公告各类服务变更调整、价格变动信息，明确生效日期。

标准示范：

公告栏

公 告 ①

本行服务项目及相应服务价格已按国家规定做了调整，详见营业大厅大堂引导台上《中国工商银行服务价目表（2017 年版）》。收费服务项目、免费服务项目和相关服务优惠政策自 2017 年 1 月 1 日起执行，另有规定的从其规定。②

东城支行

> 及时在网点显著位置公告各类服务变更调整、价格变动信息，并明确生效日期

分值：4 分。

分值分布（分）：

（1）及时在网点显著位置（1）公告各类服务变更调整（1）、价格变动信息（1）；

（2）明确生效日期（1）。

考评方法：现场观察。

扣分点：（1）。

以往扣分情况如下：

（1）未及时公告各类服务变更调整、价格变动信息。

温馨提示

　　服务变更调整（如服务产品增加、减少、合并）和服务价格变动，应提前一段时间公示，让客户早些时间知晓，由客户及时做出选择，办理或不办理业务。

56 　　在向客户提供服务前，告知收费与否及各个服务环节的计费标准（包括减免优惠政策）和收费金额，充分尊重客户知情权；实际收取的服务费用与公示相符。

标准示范：

1.安女士，这笔业务按行里规定要收5角钱手续费，您看可以吗？

2.好，知道了，办吧……

分值：5分。

分值分布（分）：

（1）在向客户提供服务前，告知收费与否及各个服务环节的计费标准（包括减免优惠政策）和收费金额（1.5）；

（2）充分尊重客户知情权（1.5）；

（3）实际收取的服务费用与公示相符（2）。

考评方法：调阅监控录像。

扣分点：（1）。

以往扣分情况如下：

（1）在办理收费业务时，工作人员事先未告知客户服务收费标准，而是办完业务后才告知，未能尊重客户知情权。

> **温馨提示**
>
> 　　银行监管机构已出台了《银行业消费者权益保护工作指引》，明确规定要充分保障消费者的知情权。因此，在向客户提供服务或销售产品前一定要告知客户收费标准、本笔业务收取的金额等，让客户透明消费。

57　客户明确表示不接受相关服务价格的，不得强制客户接受服务，充分尊重客户自主选择权。

标准示范：

1.现在存钱利率太低了，今儿就不存了，我想改天做投资。

2.好的，安女士，我行推出新投资产品时再通知您。欢迎您下次光临……

分值：4分。

分值分布（分）：

（1）客户明确表示不接受相关服务价格的，不得强制客户接受服务（2）；

（2）充分尊重客户自主选择权（2）。

考评方法：调阅录像。

扣分点：（1）。

以往扣分情况如下：

（1）客户明确表示不接受相关服务价格时，柜员虽不强制客户接受，但显得不耐烦，态度不好。

温馨提示

《银行业消费者权益保护工作指引》明确规定要充分保护消费者选择权，做到公买公卖，以诚相待。不能因客户不办理业务而怠慢客户。

第二节　服务资讯发布与产品营销宣传

本节主要标准与分值

服务资讯发布与产品营销宣传（35分）		
58	以电子屏显公示或电子自助查询系统、行情分析系统查询等形式，向客户提供本币存贷款利率、外汇存款利率、外汇牌价、基金净值、贵金属价格等信息，电子屏显播放与银行业务有关的信息资讯或时事、财经新闻，设备正常运行、翻页及时。	6分
59	适当位置公示本网点业务联系（消费者权益保护）电话号码和消费者投诉处理流程图，通过电子屏显公示的，翻页及时。	3分
60	为客户提供查询金融产品信息的渠道和相关服务，方便客户通过本行产品信息查询平台，查询全部在售及存续期内金融产品的基本信息、风险信息变动情况，使客户能够明确区分本行自有产品和代销产品。	5分
61	设置理财（代销）产品销售专区明显标识，在该区和公众教育、贵宾服务等区域的显著位置以醒目字体提醒客户购买产品前应先通过产品查询平台确认、了解产品相关信息，并进行风险提示。	5分
62	在理财（代销）产品销售专区公示销售人员资质信息、咨询举报电话号码，便于确认产品属性及相关信息，举报违规销售、私售产品等行为。	5分
63	网点内各类宣传资料依次整齐摆放，无卷角翘边现象，展示有序；区分营销推介和公益宣传，且产品宣传材料能真实、全面地反映产品的主要特征，严禁夸大收益率或隐瞒重要风险信息。	5分
64	网点内产品宣传内容符合有关规定，产品名称不得使用带有诱惑性、误导性或易引发争议的语言，无虚假、过期宣传，无摆放赠送物品，无诋毁、贬低同业、误导客户现象，更新及时，明示清晰。	6分

58 以电子屏显公示或电子自助查询系统、行情分析系统查询等形式，向客户提供本币存贷款利率、外汇存款利率、外汇牌价、基金净值、贵金属价格等信息，电子屏显播放与银行业务有关的信息资讯或时事、财经新闻，设备正常运行、翻页及时。

标准示范：

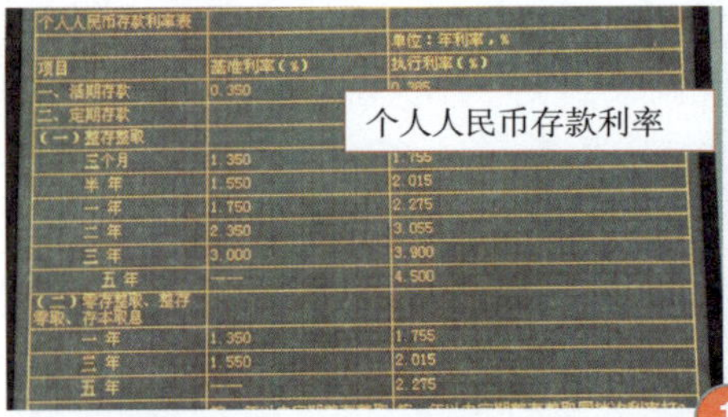

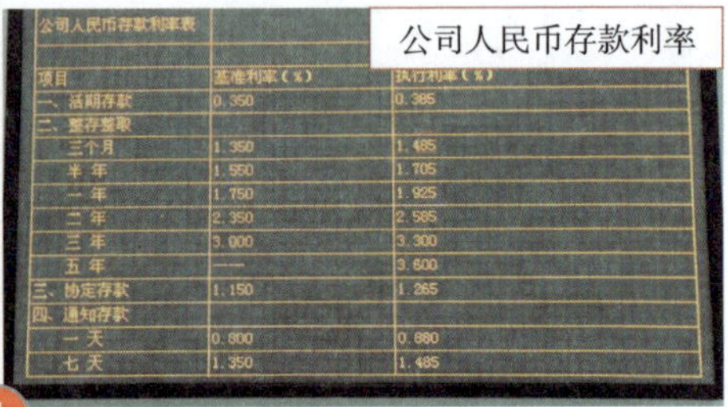

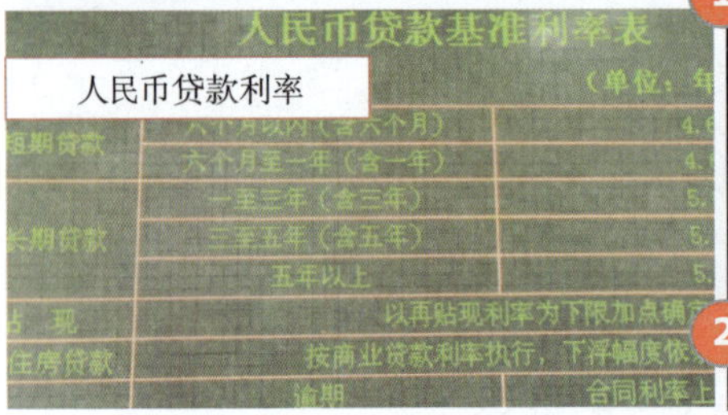

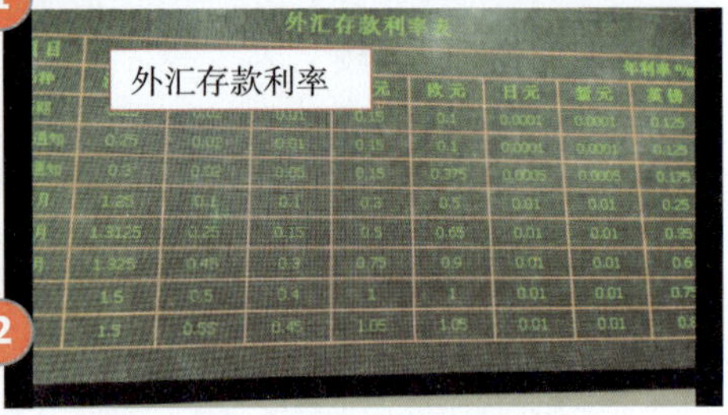

个人人民币存款利率

公司人民币存款利率

人民币贷款利率

外汇存款利率

网点通过电子屏显公示或电子自助查询系统、行情分析系统查询等形式，向客户提供人民币存贷款利率，外汇存款利率、外汇牌价、基金净值、贵金属价格等信息，同时电子屏显播放与银行业务有关的信息资讯或时事、财经新闻

外汇牌价

基金

信息资讯或时事、财经新闻

贵金属

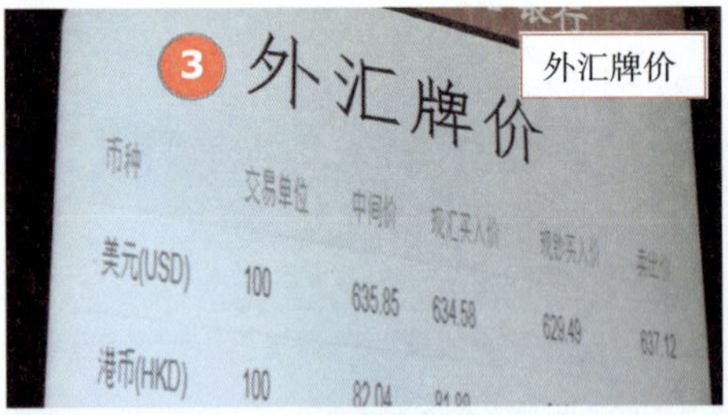

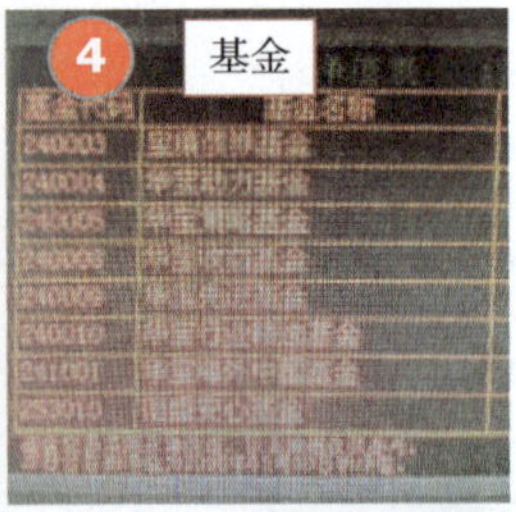

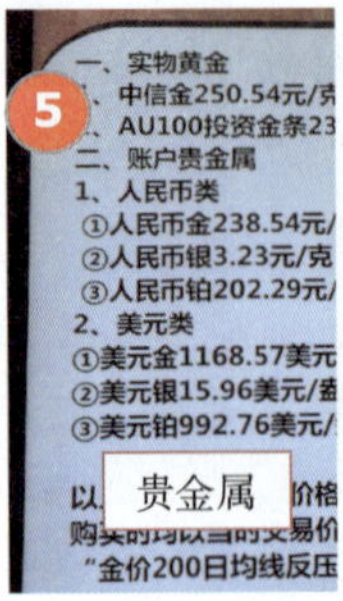

分值：6 分。

分值分布（分）：

（1）以电子屏显公示或电子自助查询系统、行情分析系统查询等形式，向客户提供本币存贷款利率（1）；

（2）外汇存款利率（1）；

（3）外汇牌价（0.5）；

（4）基金净值（0.5）；

（5）贵金属价格（0.5）等信息；

（6）电子屏显播放与银行业务有关的信息资讯或时事、财经新闻（1）；

（7）设备正常运行（1）、翻页及时（0.5）。

考评方法：现场观察。

扣分点：（1）（3）（4）（5）。

以往扣分情况如下：

（1）网点没有电子屏显公示或电子自助查询系统等；

（3）未显示外汇牌价；

（4）未显示基金净值；

（5）未显示贵金属价格。

温馨提示

　　以电子屏显公示或电子自助查询系统、行情分析系统查询等形式向客户提供相关信息，并不是说一定要有以上这么多块屏幕。而是应利用现代科技手段推进无纸化办公，倡导用电子屏显公示银行各类产品价格。只要能显示以上内容，方便客户查询，用两屏、三屏、多屏均可。最好是提供一台或多台计算机（笔记本）供客户自助查询相关信息。

59 适当位置公示本网点业务联系（消费者权益保护）电话号码和消费者投诉处理流程图，通过电子屏显公示的，翻页及时。

标准示范：

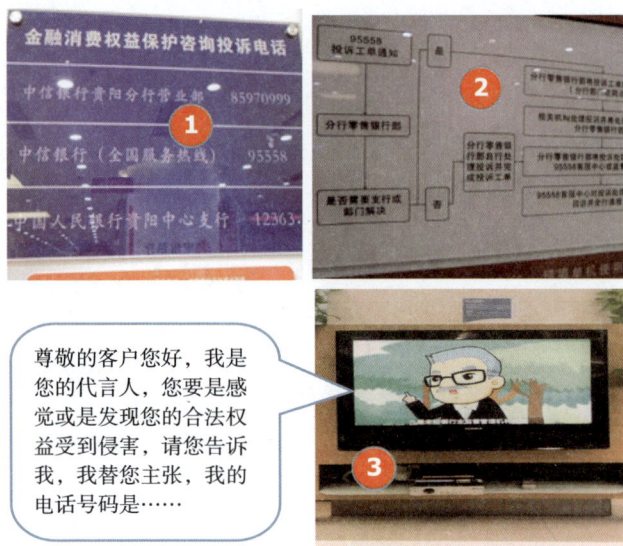

> 尊敬的客户您好，我是您的代言人，您要是感觉或是发现您的合法权益受到侵害，请您告诉我，我替您主张，我的电话号码是……

分值： 3 分。

分值分布（分）：

（1）适当位置公示（0.5）本网点业务联系（消费者权益保护）电话号码（1）；

（2）消费者投诉处理流程图（1）；

（3）通过电子屏显公示的，翻页及时（0.5）。

考评方法： 现场观察。

扣分点：（2）。

以往扣分情况如下：

（2）未公示消费者投诉处理流程图。

温馨提示

　　在适当位置公示本网点消费者权益保护电话号码和消费者投诉处理流程图，这是监管部门的要求，更是保护消费者权益的具体体现，让消费者放心消费。通过电子屏显公示的，翻页及时，或方便客户观看查询。

60 为客户提供查询金融产品信息的渠道和相关服务，方便客户通过本行产品信息查询平台，查询全部在售及存续期内金融产品的基本信息、风险信息变动情况，使客户能够明确区分本行自有产品和代销产品。

标准示范：

可通过查询缴费机和智能终端等查询全部在售及存续期内金融产品的基本信息等情况

分值： 5 分。

分值分布（分）：

（1）为客户提供查询金融产品信息的渠道和相关服务（1）；

（2）方便客户通过本行产品信息查询平台，查询全部在售及存续期内金融产品的基本信息（1.5）、风险信息变动情况（1.5），使客户能够明确区分本行自有产品和代售产品（1）。

考评方法： 现场观察。

扣分点：（2）。

以往扣分情况如下：

（2）客户查询在售及存续期内金融产品的基本信息不方便，或查询操作很复杂，使客户不好区分本行自有产品和代售产品。

> **温馨提示**
>
> 现在网点的查询缴费机和智能终端等都能查询全部在售及存续期内金融产品的基本信息、风险信息变动情况。网点除了应为客户提供查询金融产品信息的渠道和相关服务外，网点工作人员还应主动帮助和辅导客户使用信息查询系统，使客户体验良好。

61 设置理财（代销）产品销售专区明显标识，在该区和公众教育、贵宾服务等区域的显著位置以醒目字体提醒客户购买产品前应先通过产品查询平台确认、了解产品相关信息，并进行风险提示。

标准示范：

① 理财服务区 FINANCIAL SERVICE AREA

②

③ 风险提示

在理财、公众教育、贵宾服务等区域利用公告栏或电视屏动画等方式提醒客户：尊敬的客户您好，在您购买产品前请先通过产品查询平台了解相关产品信息

在理财、公众教育、贵宾服务等区域利用公告栏或电视屏等方式进行投资、理财风险提示

分值：5 分。

分值分布（分）：

（1）设置理财（代销）产品销售专区明显标识（1）；

（2）在理财、公众教育、贵宾服务等区域的显著位置（1.5）以醒目字体（1）提醒客户购买产品前应先通过产品查询平台确认（0.5）、了解产品相关信息（0.5）；

（3）进行风险提示（0.5）。

考评方法：现场观察。

扣分点：（2）。

以往扣分情况如下：

（2）在理财、公众教育、贵宾服务等区域未提醒客户购买产品前应先通过产品查询平台确认、了解产品相关信息，或虽提醒客户了但提醒字体不够醒目。

温馨提示

在理财、公众教育、贵宾服务等区域可用屏显动画，也可做一个提示牌或公告提醒客户，提示牌或公告制作精美一点，应符合本行文化色彩和风格。对投资理财进行风险提示，既能保护客户利益，又能使银行免去法律纠纷，这是双赢的事情。

62 在理财（代销）产品销售专区公示销售人员资质信息、咨询举报电话号码，便于确认产品属性及相关信息，举报违规销售、私售产品等行为。

标准示范：

分值：5分。

分值分布（分）：

（1）在理财（代销）产品销售专区公示销售人员资质信息（2.5）；

（2）在理财（代销）产品销售专区公示咨询举报电话号码（2.5），便于确认产品属性及相关信息，举报违规销售、私售产品等行为。

考评方法： 现场观察。

扣分点： （1）（2）。

以往扣分情况如下：

（1）未公示销售人员资质信息；

（2）未公示咨询举报电话号码。

> **温馨提示**
>
> 　　在理财（代销）产品销售专区公示销售人员资质信息、咨询举报电话号码有利于网点与客户之间建立良好的诚信关系，使客户对购买行为放心，同时也可有效威慑私售产品等行为。

63 网点内各类宣传资料依次整齐摆放，无卷角翘边现象，展示有序；区分营销推介和公益宣传，且产品宣传材料能真实、全面地反映产品的主要特征，严禁夸大收益率或隐瞒重要风险信息。

标准示范：

分值：5分。

分值分布（分）：

（1）网点内各类宣传资料依次整齐摆放（0.5）；

（2）无卷角翘边现象（0.5），展示有序（0.5）；

（3）区分营销推介和公益宣传（1）；

（4）产品宣传材料能真实、全面地反映产品的主要特征（1）；

（5）严禁夸大收益率或隐瞒重要风险信息（1.5）。

考评方法： 现场检查。

扣分点：（2）（3）（5）。

以往扣分情况如下：

（2）宣传资料有卷角翘边现象；

（3）营销推介和公益宣传混在一起，或区分不明；

（5）夸大收益率或缩小、隐瞒风险信息等。

温馨提示

　　宣传资料摆放应整齐、规范，不能有卷角翘边现象。不要在描述收益时用三号较大的字，在描述风险时用五号等较小的字。营销推介和公益宣传资料应明确分开，以免误导客户。

64 网点内产品宣传内容符合有关规定，产品名称不得使用带有诱惑性、误导性或易引发争议的语言，无虚假、过期宣传，无摆放赠送物品，无诋毁、贬低同业、误导客户现象，更新及时，明示清晰。

标准示范：

网点内产品宣传内容符合有关规定，无摆放赠送物品，无诋毁、贬低同业、误导客户现象

分值：6分。

分值分布（分）：

（1）网点内产品宣传内容符合有关规定（1）；

（2）产品名称不得使用带有诱惑性、误导性或易引发争议的语言（1）；

（3）无虚假、过期宣传（1）；

（4）无摆放赠送物品（1）；

（5）无诋毁、贬低同业、误导客户现象（1）；

（6）更新及时，明示清晰（1）。

考评方法：现场查看。

扣分点：（4）。

以往扣分情况如下：

（4）摆放"赠送物品"。

> **温馨提示**
>
> 　　产品宣传内容应符合有关规定，尤其是资管新规出台后，理财产品的宣传要符合资管新规的要求。以免触犯监管政策而受到处罚。此外，网点摆放"赠送物品"往往会引来不必要的纷争，影响大厅秩序。但用积分兑换奖品的情况除外。

第四章　　大堂管理

本章由大堂服务、大堂管理、安保、保洁人员管理三个部分组成，是服务创造价值的直接过程之一。主要着力于客户体验和满意度上升。本章共145分，各部分分值详见下表。

大堂管理（145分）	
第一节　大堂服务	70分
第二节　大堂管理	65分
第三节　安保、保洁人员管理	10分

第一节　大堂服务

本节主要标准与分值

大堂服务（70分）		
65	规范设置大堂经理（咨询引导）台，大堂服务人员热情主动接待客户，微笑示意并问候，询问需求，引导、分流客户。	10分
66	大堂服务人员实行移动式服务，主动进行营业厅、电子（智能）银行及自助服务区域现场巡视，当客户需要帮助时及时提供帮助。	10分
67	大堂服务人员持续履职，离开大堂经理台为客户提供服务时摆放"大堂经理巡视中"提示牌，确保客户能够找到大堂经理等相关岗位人员寻求帮助。	8分
68	大堂服务人员熟知业务种类、产品特性、办理流程等，准确熟练向客户介绍产品或营销推介至相关工作人员；能够识别客户办理业务受欺诈风险隐患，进行稳妥有效处理。	12分
69	大堂服务人员主动指导客户填写业务单据，必要时帮助客户复印相关证件，注意保护客户隐私。	5分

续表

70	大堂服务人员主动与客户进行交流，目视对方，态度诚恳、耐心回复咨询，语言通俗易懂。	5分
71	大堂服务人员主动进行二次分流，及时响应并解决客户诉求，提供必要的安抚服务，预防投诉发生。	8分
72	大堂服务人员熟悉特殊群体客户服务的相关制度及工作流程，主动为其提供便利，积极协助其办理业务。	10分
73	客户离开时大堂服务人员主动向客户道别或示意。	2分

65 规范设置大堂经理（咨询引导）台，大堂服务人员热情主动接待客户，微笑示意并问候，询问需求，引导、分流客户。

标准示范：

分值：10分。

分值分布（分）：

（1）规范设置大堂经理（咨询引导）台（2）；

（2）大堂服务人员热情主动接待客户（2）；

（3）微笑示意并问候（2），询问需求（2）；

（4）引导、分流客户（2）。

考评方法：现场观察、查阅客户意见簿、调阅监控录像。

扣分点：（3）（4）。

以往扣分情况如下：

（3）接待客户面无表情、态度生硬，未能做到微笑服务；

（4）引导、分流客户不及时或不得当。

温馨提示

　　大堂经理（咨询引导）台应与大门朝向、厅内建筑风格相一致。一般而言，大堂咨询引导台置放位置正对大门比较好，一般离大门3米左右，引导台的大小、其与大门的距离可视网点面积大小按比例设置。若一进门大厅通透、宽敞，则可设置一圆形咨询引导台。若一进大门大厅的进深不大，则可设置一个半圆形引导台，引导台后面可设置背景墙，若无空间也可不设背景墙。还可根据大厅空间情况设置柜形或异形大堂经理台。如下图所示。

随着网点智能化水平的提升，智能咨询引导台被广泛使用。即将咨询引导、排队叫号、客户识别导向等融合整理为一体。智能化网点大堂引导台的形状设置一般多采用圆形或半圆形。在引导台周边装备智能终端。这些终端可办理业务查询、转账汇款、理财业务、缴费业务、账户开立及补办业务、电子银行及互联网业务、其他个人业务。客户来网点在大堂引导台便可在大堂服务人员辅导下办理各种非现金业务，从而大量分流客户，大大减轻柜台压力，客户体验很好。如下图所示。

　　大堂服务人员对客户的各类咨询应遵循"八字"原则，即热情、简洁、通俗、周全。

　　一是热情。即热情服务，礼貌作答。回答时务必面带微笑，语速中等、音量适中、吐词清晰、表述准确。

　　二是简洁。即善于总结归纳，提纲挈领，将烦琐的问题简洁化、条理化，告知客户该做什么。最好能借助一定的工具，如宣传资料、提示卡等，帮助客户理解并操作。

　　三是通俗。既要善于把专业化的回答口语化、通俗化，又要善于把客户所提片断的、口语化的咨询转化为专业的知识，并找到对应的答案。面对不同文化层次、不同职业、不同年龄段的客户，应用最简单、通俗的语言为客户讲解业务。

　　四是周全。回答是否全面、细致将直接影响客户能否成功办理业务，也最能影响客户的体验。业务办理前应主动提示客户"是为您本人办理银行卡吗?"、"您带本人身份证了吗?"、"您需要提前填写开户申请表"等。

66 　　大堂服务人员实行移动式服务，主动进行营业厅、电子（智能）银行及自助服务区域现场巡视，当客户需要帮助时及时提供帮助。

标准示范：

| 大堂服务人员实行移动式服务 | 大堂服务人员进行营业厅现场巡检 |

电子（智能）银行区域现场巡视

自助银行服务区巡检

2.您好，我来演示给您看，然后需要您自己亲自登录……

1.大堂经理，网银怎么用呀？

1.大堂经理，我想转一笔钱，怎么操作呀？

2.好的，请您先把银行卡插入ATM……

有效提高了服务效率

当客户需要帮助时主动提供帮助

分值： 10 分。

分值分布（分）：

（1）大堂服务人员实行移动式服务（2）；

（2）主动进行营业厅现场巡视（2）；

（3）主动进行电子（智能）银行区域现场巡视（2）；

（4）主动进行自助服务区域现场巡视（2）；

（5）当客户需要帮助时及时提供帮助（2）。

考评方法： 现场观察，调阅大堂日志。

扣分点：（4）。

以往扣分情况如下：

（4）有的自助服务区与大厅不连通，大堂服务人员不能离开大厅出门去自助服务区现场巡视。

> **温馨提示**
>
> 　　大堂服务人员实行移动式服务，每天开始营业前，大堂经理应对物品情况进行检查。在营业期间，要根据网点的情况进行整理，如随时整理填单台面、补充单据、保障签字笔书写流畅。在营业期间，大堂经理发现客户已填写且又废弃的凭条、申请书等单据时，要将其放入碎纸机销毁或撕碎后再丢弃；发现柜面、桌面、营业大厅内有废弃纸屑或其他不洁物质时，要立即清理或安排保洁员清除；雨雪天气时应提示保洁员放置防滑提示牌，在有水的地方放置防滑提示牌或防滑垫，并提示保洁员及时将地面擦干；协助保安员或引导员，引导客户使用雨伞架或伞套机。营业结束后，大堂经理需要整理营业环境、收集客户意见等。
>
> 　　另外，自助服务区与大厅分离的网点最好进行改造，让自助服务区与大厅连通，或使分离式网点的自助服务区享受到连体式网点的大堂服务。大堂服务人员服务客户时一般是站着或蹲着，不应坐着（孕妇除外）。

67　大堂服务人员持续履职，离开大堂经理台为客户提供服务时摆放"大堂经理巡视中"提示牌，确保客户能够找到大堂经理等相关岗位人员寻求帮助。

标准示范：

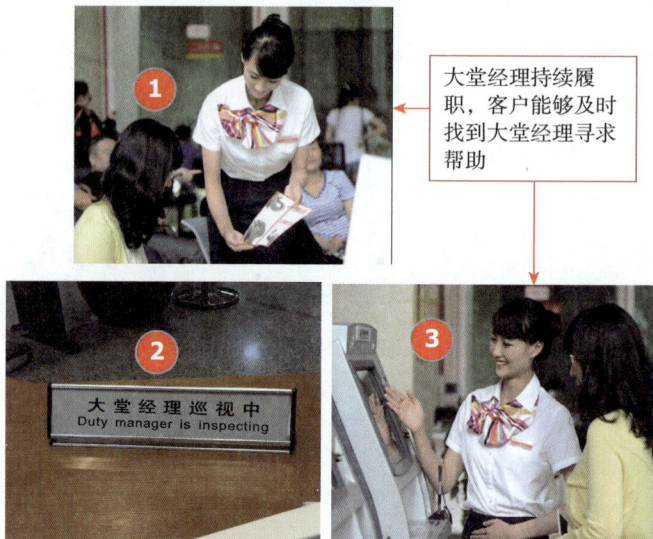

大堂经理持续履职，客户能够及时找到大堂经理寻求帮助

分值：8分。

分值分布（分）：

（1）大堂服务人员持续履职（3）；

（2）离开大堂经理台为客户提供服务时摆放"大堂经理巡视中"提示牌（2）；

（3）确保客户能够找到大堂经理等相关岗位人员寻求帮助（3）。

考评方法：现场观察，查阅客户意见簿，调阅监控录像。

扣分点：（2）。

以往扣分情况如下：

（2）大堂服务人员离开大堂经理台为客户提供服务时未摆放"大堂经理巡视中"提示牌。

温馨提示

　　大堂经理是大厅里的灵魂人物，大堂经理通过主动与客户沟通，与客户建立良好的关系，便能很好地了解、掌握客户需求，进一步识别和挖掘潜力客户。

68 大堂服务人员熟知业务种类、产品特性、办理流程等，准确熟练向客户介绍产品或营销推介至相关工作人员；能够识别客户办理业务受欺诈风险隐患，进行稳妥有效处理。

标准示范：

分值：12分。

分值分布（分）：

（1）大堂服务人员熟知业务种类（1）、产品特性（1）、办理流程（1）等；

（2）准确熟练向客户介绍产品或营销推介至相关工作人员（2）；

（3）能够识别客户办理业务受欺诈风险隐患（3.5），进行稳妥有效处理（3.5）。

考评方法：现场抽查大堂服务人员，调阅录像。

扣分点：（1）。

以往扣分情况如下：

（1）新上岗的大堂服务人员不熟悉业务种类、产品特性、办理流程，客户不满意。

> **温馨提示**
>
> 　　大堂服务人员应熟知业务种类、产品特性、存贷款利率、外汇汇率、贵金属行情、办理流程等，准确熟练地向客户介绍产品，积极开展服务营销。如下图所示。

在产品营销中应掌握多种营销方法。目前常用的方法有体验式营销、交叉营销法、目标客户营销法等。在进行体验式营销中，应通过为客户创造和提供愉悦的购买体验，实现销售目的。大堂服务人员应通过运用各种媒介，包括沟通、识别、产品、品牌、环境等，刺激客户的感官和情感，引发客户的思考、联想，并使其行动和体验，通过客户的体验，不断地传播品牌或产品的利益和好处。体验式营销注重与客户之间的沟通，注重发掘客户内心的欲望，注重创造愉悦的销售情景和销售过程，不仅如此，体验式营销还注重客户购买过程中所表达的内在价值观和消费理念。大堂服务人员应为客户提供满意、愉悦的购买体验。但当客户表现出不耐烦的情绪时，千万别喋喋不体地推介。

69 大堂服务人员主动指导客户填写业务单据，必要时帮助客户复印相关证件，注意保护客户隐私。

标准示范：

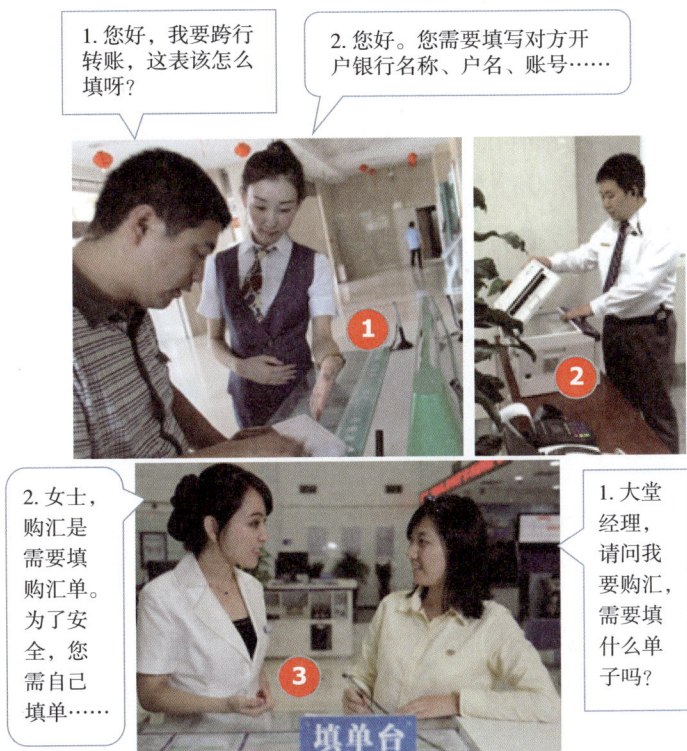

分值：5 分。

分值分布（分）：

（1）大堂服务人员主动指导客户填写业务单据（2）；

（2）必要时帮助客户复印相关证件（2）；

（3）注意保护客户隐私（1）。

考评方法：现场观察，查看客户意见簿，调阅监控录像，问询员工。

扣分点：（1）。

以往扣分情况如下：

（1）大堂内客户多时，大堂服务人员未能一一指导客户填写业务单据，或大堂经理直接为客户填写单据。

> **温馨提示**
>
> 　　大堂服务人员在指导客户填写业务单据时应与客户保持合适的位置，上岗前一般不吃味大的食品，也别碰到客户随身携带的物品。在帮助客户填写单据时，应详细询问客户要办理业务的类别，提示客户需填写的单据。指导客户参照填单示范，正确填写单据，并提示客户填写完毕后，由工作人员负责对单据进行检查，防止错填、漏填。原则上大堂服务人员不能代理客户填单，如遇特殊群体，可代填其他要素，必须由客户亲自签名。在帮客户复印完身份证后，提醒客户在复印的身份证上注明一次性用途，提示客户注意保护身份信息安全。

　　不少网点现在已使用自能填单台，即客户只要用身份证一扫，即可自助取号，所需办理的业务可就在智能引导台屏幕上书写，同步传到柜台，客户可凭号直接到柜台办理业务。如下左图所示。但对老龄客户，还得耐心指导填单。如下右图所示。

智能自助填单台、取号台

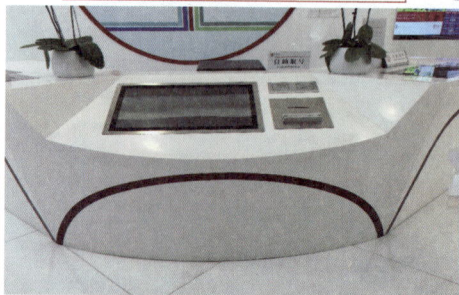

张大伯，请在这里签字……

70 大堂服务人员主动与客户进行交流，目视对方，态度诚恳、耐心回复咨询，语言通俗易懂。

标准示范：

大堂服务人员主动与客户进行交流，目视对方……

1. Hi, sir. What can I do for you?

2. Hi, I want to purchase foreign currencies. What's the exchange rate today?

3. The exchange rate is real-time updated and displayed on our screen. Today's rate is……

1.大堂经理，我有一笔80天的理财到期赎回了，请问你们现在有类似期限的理财产品吗？

2.田女士，有呀，我带您去理财室找理财经理，或在我行智能终端上就可直接选购。

分值：5分。

分值分布（分）：

（1）大堂服务人员主动与客户进行交流（1），目视对方（1）；

（2）态度诚恳（1）、耐心回复咨询（1）；

（3）语言通俗易懂（1）。

考评方法：现场观察，查看客户意见簿，调阅监控录像。

扣分点：（1）。

以往扣分情况如下：

（1）没有目视客户。

> **温馨提示**
>
> 　　营业厅是由多个区域、多个岗位组成的。每时每刻营业厅的工作人员都在变动，位置在变动，客户也在不断变动，而且这些变动的人情绪也在变动。服务人员应积极主动地与客户进行交流，及时了解客户需求，帮助客户尽快办理业务，并从中捕捉业务商机。

71　大堂服务人员主动进行二次分流，及时响应并解决客户诉求，提供必要的安抚服务，预防投诉发生。

标准示范：

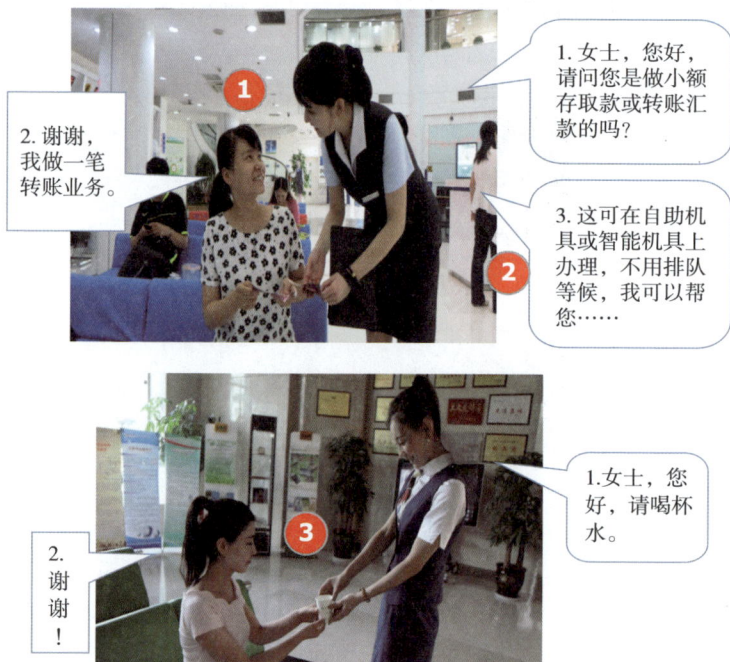

分值：8分。

分值分布（分）：

（1）大堂服务人员主动进行二次分流（2）；

（2）及时响应并解决客户诉求（2）；

（3）提供必要的安抚服务（2），预防投诉发生（2）。

考评方法： 现场观察，查看客户意见簿，调阅监控录像。

扣分点：（1）。

以往扣分情况如下：

（1）大堂服务人员未主动进行二次分流。

温馨提示

当大厅内等候客户较多时，大堂服务人员可主动上前询问客户办理什么业务，若能在自助机具上办理便引领其到自助机具办理。当叫号语音播报一遍某个号而无客户响应时，大堂服务人员可以主动协助重复快速叫一遍该号；若还未应答，便可预叫下一个号，请其准备办理业务。

72 大堂服务人员熟悉特殊群体客户服务的相关制度及工作流程，主动为其提供便利，积极协助其办理业务。

标准示范：

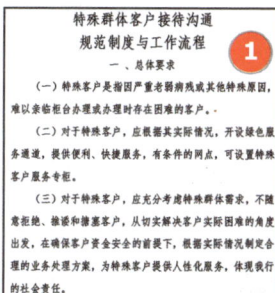

分值：10 分。

分值分布（分）：

（1）大堂服务人员熟悉特殊群体客户服务的相关制度及工作流程（4）；

（2）主动为其提供便利（3），积极协助其办理业务（3）。

考评方法：现场观察，调阅监控录像。

扣分点：（1）。

以往扣分情况如下：

（1）未能为残障人士提供语言等服务，无相应服务设施、用品等。

> 温馨提示
>
> 　　一般而言，有特殊群体客户来办业务，大堂服务人员应时刻关注他（她），但先不必急于主动上前，若他（她）能自理而并未表示需要帮助时，最好别打扰他（她），让他（她）享有与其他健康人士一样的服务。若他（她）表示希望给予帮助，再积极帮助。

73 客户离开时大堂服务人员主动向客户道别或示意。

标准示范：

> 张经理请慢走，谢谢光临！再见。

分值：2 分。

分值分布（分）：

（1）客户离开时大堂服务人员主动向客户道别或示意（2）。

考评方法：调阅监控录像。

扣分点：无。

以往扣分情况如下：

无。此条在历次考评中未扣过分。

温馨提示

　　客户离开时大堂服务人员除主动向客户道别外，如遇特殊群体客户表示需要帮助时还应提供所需帮助；若遇大额取款客户离开网点需要帮助的也应为其提供必要帮助。

第二节　大堂管理

本节主要标准与分值

大堂管理（65分）		
74	网点按照公示的时间营业，保证满时点服务。	5分
75	大堂服务人员有较强的现场管理能力，有效协调服务资源。	10分
76	大堂服务人员对各营业岗位服务人员的不规范服务行为进行监督，主动提示。	5分
77	大堂服务人员积极引导客户使用自助及智能设备，熟悉网点内各类设备使用方法，且能为客户提供使用指导。	10分
78	大堂服务人员主动巡查自助及智能设备，确保正常使用，巡查记录完整可查；熟练掌握机具吞卡、钞等故障应急解决方法，知晓相应的工作流程及预案。	15分
79	客户在办理业务时，大堂服务人员及时劝导、避免其他客户进入一米以内距离区域的围观、等候行为（同行人员需征得客户同意），有效保护客户隐私，维护营业秩序。	10分
80	营业结束后，网点及时关闭非24小时值机设备电源。	5分
81	大堂服务人员做好《大堂经理日志》（电子或纸质）记录工作，真实、详细记载当天服务情况，整理并及时响应客户对服务工作的意见和建议。	5分

74 网点按照公示的时间营业，保证满时点服务。

标准示范：

分值：5 分。

分值分布（分）：

（1）网点按照公示的时间营业（2.5）；

（2）保证满时点服务（2.5）。

考评方法：调阅监控录像。

扣分点：（1）。

以往扣分情况如下：

（1）网点延迟开门营业或提前结束营业。而非网点原因或不可抗拒原因除外。

> **温馨提示**
>
> 　　营业网点应按营业时间提供满时足点服务，遇特殊情况需延迟开门营业或提前结束营业的，应提前进行公告。因事发突然来不及事先公告的则耐心向客户做好解释和安抚工作。

开门迎客五部曲：一是营业前早上 8：30，员工准时到大厅召开晨会，8：45 ~ 9：00，各岗位人员做好班前准备，全体服务人员含大堂经理、大堂助理、理财人员、柜员以及合作方员工全部到岗，规范仪容仪表，包括化好淡妆、佩戴号牌、着装规范等。九点整网点准时开门迎宾，举行"开门礼仪"。

二是各岗位人员岗前自查：引导台物品摆放是否整齐；叫号设备是否正常；各服务区域内（含自助服务区）设备是否开机；贵宾服务区域内各电器设备的运行是否正常；宣传资料是否在有效期内；报刊杂志是否摆放整齐、是否为最新出版；填单台各类凭条是否充足；服务区域内液晶电视是否开启且能正常播放等。

三是有音响条件的网点可提前两分钟播放大厅广播提示马上将开门迎客，请全体工作人员做好最后的准备，以良好的状态迎接第一批客户办理业务。

四是营业厅开门及开门后的 5 分钟内，大厅内轻声播放迎宾曲，大堂服务人员在进门处两侧排成队列，主动迎接客户。柜员及理财人员均在各自工作岗位上站立迎接客户。

五是当客户进入营业厅时，各岗位工作人员要以规范站姿，向客户微笑点头致意，真诚主动地问候："早上好，欢迎光临""请到这边取号""先生理财请跟我来"。如遇重大节日如春节、中秋节等，每位迎宾人员需向客户主动问候"新年好，欢迎光临"或"节日好，欢迎光临"。此外，还可以统一着民族服装，如唐装、旗袍等。

下班送宾三部曲：一是有条件的网点下午下班时可轻声播放音乐（萨克斯曲、钢琴曲、轻音乐等），让一天的营业在轻松中结束。

二是下午下班前进入银行网点的客户，将其所需办理业务办理完毕。

三是大堂服务人员在大门两侧站列，友好目送最后一批客户。举行"关门礼仪"，并主动问候："请慢走，谢谢光临"。

75 大堂服务人员有较强的现场管理能力，有效协调服务资源。

标准示范：

分值： 10分。

分值分布（分）：

（1）大堂服务人员有较强的现场管理能力（5）；

（2）有效协调服务资源（5）。

考评方法： 现场观察，调阅监控录像。

扣分点：（2）。

以往扣分情况如下：

（2）在多点发生情况或偶发情况下大堂服务人员不知所措，未能协调好大厅内的服务资源。

温馨提示

大堂服务人员现场管理能力包括协调营业大厅内的各类服务资源，通过流程管理、排队管理、沟通协调、员工辅导、巡查管理、晨会夕会管理、质量记录、追踪管理等现场管理，为每一位走进厅堂的客户提供安全、舒适、温馨、快捷、高效的服务，促成客户现实或潜在的业务需求，持续提升客户满意度。其中流程管理又细分为开门迎客、客户咨询、客户分流、客户指导、产品营销、投诉处理、客户挽留、应急处理八项主要流程。这八项主要流程需要大堂服务人员重点把握。排队管理是指对网点客户排队时间进行管理，对等候区客户进行维护，大堂服务人员要持续关注网点客户等候时间的变化，对客户排队时间进行分析，提出改进建议。另外，大堂服务人员担负着银行营业网点服务客户时承上启下、协调管理、流程衔接的职责，应做好网点各个岗位服务客户的沟通协调工作，充分利用网点资源，做好客户服务管理工作。

76 大堂服务人员对各营业岗位服务人员的不规范服务行为进行监督，主动提示。

标准示范：

分值： 5分。

分值分布（分）：

（1）大堂服务人员对各营业岗位服务人员的不规范服务行为进行监督（3）；

（2）主动提示（2）。

考评方法： 调阅监控录像。

扣分点：（2）。

以往扣分情况如下：

（2）大堂经理发现营业岗位服务人员不规范行为，但碍于面子未提示。

温馨提示

　　大堂经理拥有对大厅工作人员进行监督的职责，应大胆地担起这个职责，网点负责人应给予支持。不过履行这个职责应讲究方法，发现有不规范行为一般不宜大声提示，可以用手势等肢体语言提示。

77　大堂服务人员积极引导客户使用自助及智能设备，熟悉网点内各类设备使用方法，且能为客户提供使用指导。

标准示范：

分值： 10分。

分值分布（分）：

（1）大堂服务人员积极引导客户使用自助及智能设备（4）；

（2）熟悉网点内各类设备使用方法（3）；

（3）能为客户提供使用指导（3）。

考评方法： 调阅录像。

扣分点：（1）。

以往扣分情况如下：

（1）大堂服务人员引导客户使用自助及智能设备不积极、不耐心。

> **温馨提示**
>
> 　　大堂服务人员应熟练地掌握各类自助与智能设备使用方法，积极引导分流客户，主动帮助和辅导客户使用各类自助与智能机具。一次、两次、三次，不厌其烦地培训客户学会自己操作。

78　　大堂服务人员主动巡查自助及智能设备，确保正常使用，巡查记录完整可查；熟练掌握机具吞卡、钞等故障应急解决方法，知晓相应的工作流程及预案。

　　标准示范：

分值：15 分。

分值分布（分）：

（1）大堂服务人员主动巡查自助及智能设备（2）；

（2）确保正常使用（3）；

（3）巡查记录完整可查（5）；

（4）熟练掌握机具吞卡、钞等故障应急解决方法（3）；

（5）知晓相应的工作流程及预案（2）。

考评方法：现场观察，调阅监控录像和大堂日志等。

扣分点：（4）（5）。

以往扣分情况如下：

（4）大堂服务人员未能熟练掌握自助机具吞卡、钞等故障应急知识与方法；

（5）客户卡、钞被自助机具吞了，一般都是要求现场解决问题，而现实中往往现场又解决不了问题，故引起纠纷。比如持卡人输入三次错误密码，卡就会被自助机具收走，往往现场取不了卡，客户只能到发卡中心（行）去办理，大堂服务人员态度不好或解释不到位而引起抱怨与投诉。

温馨提示

遇到上述情况，大堂服务人员首先要问清楚吞钞、卡的情况，然后再有针对性地进行指导。若现场取不了卡或钞，则应耐心解释，并留下客户联系方式，关注客户直到取回卡片。

79　客户在办理业务时，大堂服务人员及时劝导、避免其他客户进入一米以内距离区域的围观、等候行为（同行人员需征得客户同意），有效保护客户隐私，维护营业秩序。

标准示范：

先生，请您在一米线外等候，谢谢！

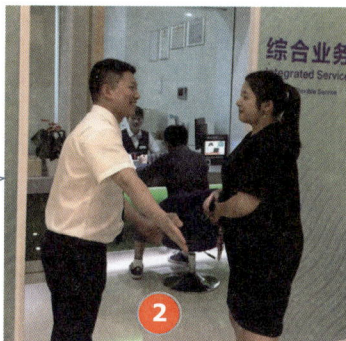

女士，请您在一米线外等候，谢谢！

分值：10 分。

分值分布（分）：

（1）客户在办理业务时，大堂服务人员及时劝导、避免其他客户进入一米以内距离区域的围观、等候行为（同行人员需征得客户同意）(6)；

（2）有效保护客户隐私（2），维护营业秩序（2）；

考评方法：现场观察，调阅监控录像。

扣分点：(1)。

以往扣分情况如下：

（1）A 客户在办理业务时，B 客户进入一米线内围观、等候，但无大堂服务人员劝导。如下图所示。

此场景中扣分点很多。一是当柜台前面的女士办理业务时，一位男士已站在她身后，无大堂人员劝导。二是客户等候区的一位女士已焦急地站立着，无人安抚。三是等待的客户较多，未进行二次分流。四是未设一米线，不能把地面装修线当一米线。五是未向客户做任何形式的宣传或产品营销推荐等。

温馨提示

等候区类似以上的座椅不宜正对柜台，让所有客户直视柜台柜员，柜员易产生紧张心理，客户也会产生焦急情绪。应侧向柜台，前面置放电视窗，电视窗可滚动播放服务价格目录、产品信息、公众教育、风险提示及防诈骗等内容，这样可缓解客户等候时的焦虑情绪。或在客户侧面置放纸制宣传推介材料等。

中国银监会发布的《银行业消费者权益保护工作指引》明确提出要金融消费者享有个人金融信息安全权。客户在办理业务时，大堂服务人员应及时劝导、避免其他客户进入一米线内围观，保护好消费者的金融信息安全权，有效保护客户隐私。做好客户的私密性保护工作，不但对客户重要，对一家银行来说也十分重要，做好私密性工作对吸引高端客户非常有用。

80 营业结束后，网点及时关闭非 24 小时值机设备电源。

标准示范：

营业结束后，大堂经理及时关闭非24小时值机设备电源

分值：5 分。

分值分布（分）：

（1）营业结束后，网点及时关闭非 24 小时值机设备电源（5）。

考评方法：调阅监控录像。

扣分点：（1）。

以往扣分情况如下：

（1）未及时关闭非 24 小时值机设备电源。

> **温馨提示**
>
> 　　一天营业结束，大堂服务人员及时关闭非 24 小时值机设备电源是为了保证这些设备的使用寿命，同时也是为了办公环境的安全，避免因线路故障引发火灾。

81　　大堂服务人员做好《大堂经理日志》（电子或纸质）记录工作，真实、详细记载当天服务情况，整理并及时响应客户对服务工作的意见和建议。

标准示范：

大堂经理认真做好《大堂经理日志》，真实、详细记载当天服务情况和处理的事项，整理并及时响应客户对服务工作的意见和建议

分值：5 分。

分值分布（分）：

（1）大堂服务人员做好《大堂经理日志》（电子或纸质）记录工作（2）；

（2）真实、详细记载当天服务情况（1.5）；

（3）整理并及时响应客户对服务工作的意见和建议（1.5）。

考评方法：查阅《大堂经理日志》。

扣分点：（1）。

以往扣分情况如下：

（1）检查期内发现《大堂经理日志》中有缺页现象。

温馨提示

大堂经理工作日志用于记录大堂经理一天的工作情况、客户接待、客户分流、员工仪容仪表、室内外环境、销售业绩、服务情况、整体员工工作表现、客户投诉、主要问题发现等，是大堂经理最重要的工作质量记录，由大堂经理本人负责在每日班后填写，大堂经理休假或不当班时，由大堂经理代理人负责该日志的填写。坚持做好《大堂经理日志》可以帮助网点改进服务，响应客户诉求，便于形成和树立良好的服务文化。

第三节　安保、保洁人员管理

本节主要标准与分值

安保、保洁人员管理（10 分）		
82	安保、保洁人员规范着装，仪容仪表符合上岗规范。	2 分
83	安保人员站姿挺拔、行姿稳健、手势自然，连续在岗，履行职责，值班记录完整，规范携带安保器械。	2 分
84	保洁人员在不影响客户的情况下，及时维护网点各区域环境卫生，清理纸屑杂物、水渍污痕；各种清洁工具隐蔽保管。	2 分
85	安保、保洁人员不得履行大堂经理职责，无代填单、代取号、提供业务咨询等行为，如遇客户咨询业务，礼貌引导至大堂服务人员。	4 分

82 安保、保洁人员规范着装，仪容仪表符合上岗规范。

标准示范：

分值： 2 分。

分值分布（分）：

（1）安保、保洁人员规范着装（1）；

（2）仪容仪表符合上岗规范（1）。

考评方法： 现场观察，调阅监控录像。

扣分点：（1）。

以往扣分情况如下：

（1）安保、保洁人员着装不规范，包括保安帽子戴歪，领带松松垮垮地挂在脖子上。

> **温馨提示**
>
> 只要在银行网点区域工作的人员，包括安保、保洁人员，良好的职业形象都能给网点增添光彩。反之，则会影响网点形象。对安保、保洁人员也要按其岗位规范要求进行作业。

83　安保人员站姿挺拔、行姿稳健、手势自然，连续在岗，履行职责，值班记录完整，规范携带安保器械。

标准示范：

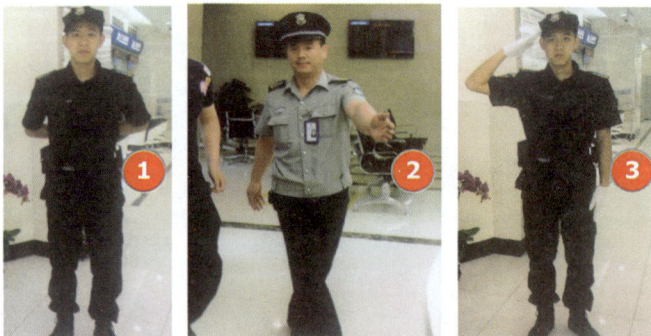

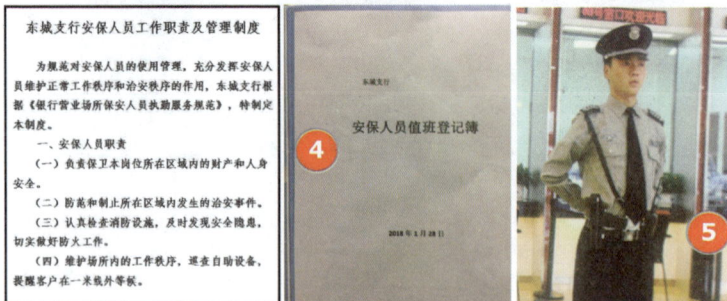

分值：2分。

分值分布（分）：

（1）安保人员站姿挺拔（0.4）；

（2）行姿稳健、手势自然（0.4）；

（3）连续在岗，履行职责（0.6）；

（4）值班记录完整（0.3）；

（5）规范携带安保器械（0.3）。

考评方法：调阅监控录像。

扣分点：（1）（2）。

以往扣分情况如下：

（1）安保人员站姿不规范，如猫腰驼背等；

（2）安保人员行姿不规范，背手走路、无精打采，坐着跷二郎腿等。

温馨提示

　　保安是银行大厅的安全卫士，其主要任务是在大厅巡视，保护客户和银行的安全。保安的威武挺拔、行姿稳健能体现出其良好的职业素养，能给客户一种安全感。同时，保安又不能太频繁地在客户中间来回穿梭，也不宜在大厅随意把弄安保器械。为此，银行应定期开展安保人员专业培训，言行都应遵循行业标准，规范携带安保器械，交接班记录完整。

---

84 保洁人员在不影响客户的情况下，及时维护网点各区域环境卫生，清理纸屑杂物、水渍污痕；各种清洁工具隐蔽保管。

标准示范：

分值：2分。

分值分布（分）：

（1）保洁人员在不影响客户的情况下（0.5），及时维护网点各区域环境卫生（0.5）；

　　（2）清理纸屑杂物、水渍污痕（0.5）；

　　（3）各种清洁工具隐蔽保管（0.5）。

　　考评方法：现场检查，调阅监控录像。

　　扣分点：（3）。

　　以往扣分情况如下：

　　（3）各种清洁工具放置在营业大厅，未实行隐蔽保管。

> **温馨提示**
>
> 　　保洁人员应维护好营业厅各区域环境卫生，及时清理纸屑杂物、水渍污痕。用湿拖把拖地后应在拖过的地面放置"小心地滑"标牌，进行免责提示。用过的清洁工具放回工具间隐蔽保管。

85　　安保、保洁人员不得履行大堂经理职责，无代填单、代取号、提供业务咨询等行为，如遇客户咨询业务，礼貌引导至大堂服务人员。

　　标准示范：

分值：4分。

分值分布（分）：

（1）安保、保洁人员不得履行大堂经理职责（1.5）；

（2）无代填单、代取号、提供业务咨询等行为（1.5）；

（3）如遇客户咨询业务，礼貌引导至大堂服务人员（1）。

考评方法：现场观察，调阅监控录像。

扣分点：（2）。

以往扣分情况如下：

（2）安保、保洁人员代填单、代取号、提供业务咨询等。

> **温馨提示**
>
> 　　安保、保洁人员应各行其是，各负其责，不应越俎代庖。尤其是安保人员精力分散，一旦此时大厅发生突发安保事件，则安保人员将无法履职。遇到客户询问业务，应主动引导至大堂服务人员。

第五章　　柜面服务与效率

本章由柜面服务，个人理财、产品销售、贵宾服务，对公服务和服务效率四个部分组成。这是价值凸显的核心阶段，网点为客户提供文明规范、优质高效的金融服务，让客户获得满意的体验。解决黏客与活客问题。本章共 165 分，各部分分值详见下表。

柜面服务与效率（165 分）	
第一节　柜面服务	45 分
第二节　个人理财、产品销售、贵宾服务	65 分
第三节　对公服务	25 分
第四节　服务效率	30 分

第一节　柜面服务

本节主要标准与分值

柜面服务（45 分）		
86	客户走近柜台时柜员微笑示意，热情接待，主动问候。	2 分
87	柜员态度亲切自然，友善真诚，大方得体，用语礼貌。	5 分
88	需要客户签字时，及时提示客户核对单据上的交易信息及签字位置。	5 分
89	办理现金业务时及时提醒客户清点核对；办理大额取现业务时提示客户注意人身财产安全，注重语言私密性。	5 分
90	办理业务时如遇疑似诈骗情况，柜员及时进行必要的防诈骗风险提示，视情况联动网点其他工作人员，妥善处理。	8 分

续表

91	办理业务过程中如需复核、授权、现金调拨等内部操作行为，知会客户。	5 分
92	办理业务过程中如需客户等候，柜员主动告知客户并说明原因，回到工作岗位后，向客户的耐心等待致谢。	5 分
93	柜员临时离柜明示暂停服务温馨提示。	5 分
94	业务办理完毕后，及时询问客户是否还有其他业务需求，并提示客户带齐各类物品，礼貌告别。	5 分

86 客户走近柜台时柜员微笑示意，热情接待，主动问候。

标准示范：

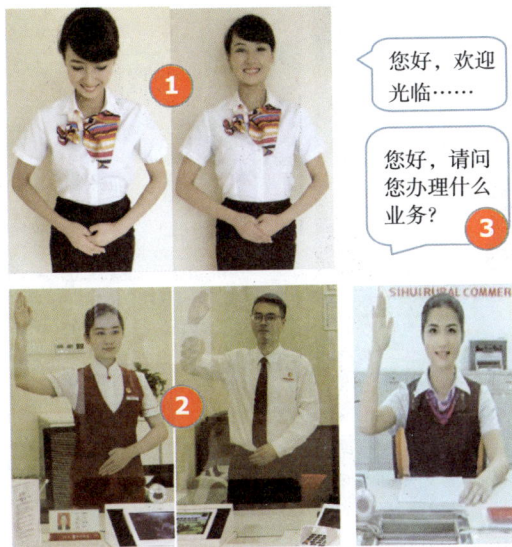

您好，欢迎光临……

您好，请问您办理什么业务？

分值：2 分。

分值分布（分）：

（1）客户走近柜台时柜员微笑示意（0.6）；

（2）热情接待（0.6）；

（3）主动问候（0.8）。

考评方法：现场观察，查看客户意见簿，调阅监控录像。

扣分点：（1）。

以往扣分情况如下：

（1）客户走近柜台时柜员拉着脸，不爱搭理客户。

温馨提示

　　客户走近柜台时柜员微笑示意，或行举手礼，或站立迎接皆可。热情接待并主动问候客户，给客户良好的感受，可以迅速拉近与客户的心理距离。

87　柜员态度亲切自然，友善真诚，大方得体，用语礼貌。

标准示范：

王经理，您要的折子已经开好了……

分值： 5 分。

分值分布（分）：

（1）柜员态度亲切自然（1.5）；

（2）友善真诚（1）；

（3）大方得体（1）；

（4）用语礼貌（1.5）。

考评方法： 现场观察，调阅监控录像。

扣分点：（4）。

以往扣分情况如下：

（4）柜员未使用尊称和礼貌用语。

> **温馨提示**
>
> 　　文明规范用语在行规行约里已有明确规定，商业银行内部也有要求。员工对待客户亲切自然、友善真诚、大方得体、用语礼貌，这是得到客户认可的良好开端。

88　需要客户签字时，及时提示客户核对单据上的交易信息及签字位置。

标准示范：

> 王先生，请您核对您的交易信息。没有问题的话，请在触摸屏上签字，谢谢！

分值：5分。

分值分布（分）：

（1）需要客户签字时，及时提示客户核对单据上的交易信息（2.5）；

（2）提示客户签字位置（2.5）。

考评方法：现场观察，调阅监控录像。

扣分点：（2）。

以往扣分情况如下：

（2）在办理业务中，需要客户签字时柜员能做到主动提示客户核对单据上的交易信息。但忽略提示客户签字的具体位置。

温馨提示

　　柜员在把需客户签字的单据或凭证递给客户时，若是低柜区，柜员应顺便指出客户签字的具体位置；若是高柜区，柜员隔着玻璃不便做"指出"动作，但可以用语言提示客户在"右下角"或"左下角"等位置签字。

89　办理现金业务时及时提醒客户清点核对；办理大额取现业务时提示客户注意人身财产安全，注重语言私密性。

标准示范：

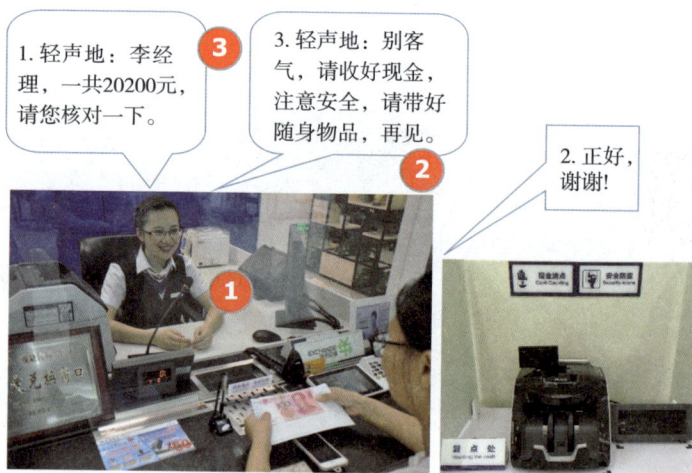

1. 轻声地：李经理，一共20200元，请您核对一下。

3. 轻声地：别客气，请收好现金，注意安全，请带好随身物品，再见。

2. 正好，谢谢！

分值：5分。

分值分布（分）：

（1）办理现金业务时及时提醒客户清点核对（2）；

（2）办理大额取现业务时提示客户注意人身财产安全（1.5）；

（3）注重语言私密性（1.5）。

考评方法：现场观察，调阅监控录像。

扣分点：（2）。

以往扣分情况如下：

（2）在办理大额取现业务时未提示客户注意人身财产安全。

在办理现金业务时柜员主动用语言提示客户注意人身财产安全，音量不宜过大。尤其大额取现业务，柜员应主动提供纸袋，并适当给予隐蔽帮助。与客户沟通取款金额也可通过显示器进行，还可给客户端配置一个智能与手工盲文器二合一的"密码键盘＋触摸显示屏"，柜员可以将现金数量通过屏显与客户进行交流。不要大声呼叫"取多少钱？""取 N 万元"。同时，手工盲文密码键盘又方便了盲人客户，客户体验也较好。如下图所示。

触摸显示屏

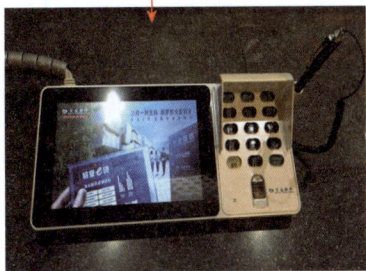

90 办理业务时如遇疑似诈骗情况，柜员及时进行必要的防诈骗风险提示，视情况联动网点其他工作人员，妥善处理。

标准示范：

3.大伯，您若没带手机就请用我的手机给您儿子拨个电话核实一下……

2.大伯，您好，您与您儿子通电话了吗……喔，没有呀？哪位同事带手机了？

1. 小伙子，快，我要汇款，我接到一个电话说我儿子在外地住院了，让我给他汇8000元钱……

分值：8 分。

分值分布（分）：

（1）办理业务时如遇疑似诈骗情况，柜员及时进行必要的防诈骗风险提示（3）；

（2）视情况联动网点其他工作人员（2），妥善处理（3）。

考评方法：现场观察，调阅监控录像。

扣分点：（2）。

以往扣分情况如下：

（2）办理业务时遇上疑似诈骗情况，柜员不知联动网点其他工作人员帮忙进行妥善处理，使自己陷入被动状态。

温馨提示

　　办理业务时如遇疑似诈骗情况，柜员不要慌，应及时提醒客户。若一人处理不了，还可联动网点其他工作人员帮忙处理，或拨打"110"，请警察来帮助解决。

91　办理业务过程中如需复核、授权、现金调拨等内部操作行为，知会客户。

标准示范：

1.田先生，您好，您办理的业务需要授权，请稍等。

2.好的，没关系。

3.谢谢。

分值：5 分。

分值分布（分）：

（1）办理业务过程中如需复核、授权、现金调拨等内部操作行为，知会客户（5）。

考评方法：现场观察，调阅监控录像。

扣分点：（1）。

以往扣分情况如下：

（1）办理业务过程中员工有复核、授权、现金调拨等内部操作行为，未知会客户。

> **温馨提示**
>
> 　　办理业务过程中需复核、授权、现金调拨等内部操作行为，柜面人员应知会客户，这是对客户的尊重，也可求得客户对员工进行内部操作所占用时间的理解。若不知会客户，客户会不理解，进而引起投诉。

92 　办理业务过程中如需客户等候，柜员主动告知客户并说明原因，回到工作岗位后，向客户的耐心等待致谢。

标准示范：

1.林女士您好，您的业务需要复印身份证，请稍等。

2.林女士，您的身份证复印好了，谢谢您的耐心等待，我马上给您办理业务……

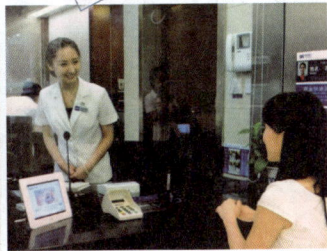

分值：5分。

分值分布（分）：

（1）办理业务过程中如需客户等候，柜员主动告知客户并说明原因（2.5）；

（2）回到工作岗位后，向客户的耐心等待致谢（2.5）。

考评方法：现场观察，调阅监控录像。

扣分点：（2）。

以往扣分情况如下：

（2）回到工作岗位后未向客户的耐心等待致谢。

> **温馨提示**
>
> 　　业务办理过程中柜员尽量把复印工作交后台或大堂服务人员办理，确需客户等候的，柜员主动告知客户并说明原因，回到工作岗位后向客户的耐心等待致谢，这是对客户的尊重。这个礼貌行为对和谐双方关系，争取客户理解与支持必不可少。

93 柜员临时离柜明示暂停服务温馨提示。

标准示范：

分值：5分。

分值分布（分）：

（1）柜员临时离柜明示暂停服务温馨提示（5）。

考评方法：现场观察，查看客户意见簿，调阅监控录像。

扣分点：（1）。

以往扣分情况如下：

（1）高柜柜员临时离柜未将暂停服务幕帘垂下；低柜柜员临时离柜未置放"暂停服务"牌。

> **温馨提示**
>
> 　　以上两种情况都容易引发客户不满和投诉。因此，高柜柜员离柜应垂下暂停服务幕帘，低柜柜员离柜应置放"暂停服务"牌。这样可以减少客户对该柜台的心理预期，降低投诉的可能性。

94　业务办理完毕后，及时询问客户是否还有其他业务需求，并提示客户带齐各类物品，礼貌告别。

标准示范：

1.先生，请问您还办理其他业务吗？

2.没有了，谢谢。

3.先生，请收好您的凭证资料，带好随身物品，请慢走，再见。

分值： 5 分。

分值分布（分）：

（1）业务办理完毕后，柜员主动询问客户是否还有其他业务需求（1.5）；

（2）提示客户带齐各类物品（2）；

（3）礼貌告别（1.5）。

考评方法： 现场观察，调阅监控录像。

扣分点：（2）。

以往扣分情况如下：

（2）柜员在给客户办完业务后通常都会问一句："是否还要办理其他业务？"，客户说"没有了"，柜员往往就直接道声"再见"，而把"请带好个人物品"温馨提示的中间过程省去了。

> **温馨提示**
>
> 　　业务办理完毕后，柜员主动询问客户是否还需办理其他业务，并提示客户带好物品，向客户礼貌道别。这是一个连续的过程，做习惯了也就自然了。

第二节　个人理财、产品销售、贵宾服务

本节主要标准与分值

个人理财、产品销售、贵宾服务（65分）		
95	贵宾（理财）服务区域相对独立、温馨舒适、格调优雅，客户体验良好，专人接待、引导。	5分
96	贵宾（理财）服务区域分区合理、功能齐全，服务区域内实现一对一专属服务，客户私密保护措施到位。	5分
97	贵宾（理财）服务区域设置现金服务窗口，且实现独立、封闭或遮挡操作，有效保护客户隐私。	4分
98	贵宾（理财）服务区域常备至少2种饮品，工作人员主动询问客户饮品需求。	2分
99	客户（理财）经理及时接待客户，主动礼貌问候、明示身份。	2分
100	客户（理财）经理上岗，持有行业或系统内认证的个人理财上岗资格证书。	4分
101	客户（理财）经理业务熟练，熟悉本行金融产品，并可通过电子屏显设备或其他方式，准确熟练向客户介绍。	3分
102	客户（理财）经理主动问询客户需求，耐心了解客户理财经历、风险偏好等，对客户的疑问能用浅显易懂的语言给出专业的回答。	5分
103	按照监管要求，合规诚信销售产品，进行必要的风险揭示，语言通俗易懂。	5分
104	客户表达购买意向时，客户（理财）经理按规定对客户进行必要、客观、真实的风险偏好、风险认知和风险承受能力等相关内容测试，并得到客户本人书面确认，确保将合适的产品和服务提供给合适的客户。	7分
105	按照客户风险承受能力推荐相应的产品，充分告知客户产品特性、收费情况及客户权益，无诋毁、贬低同业现象，无误导、诱导客户现象，严禁销售未在本行产品信息查询平台上收录的产品。	6分

续表

106	在产品销售专区内实现自有理财产品与代销产品销售过程全程同步录音录像，完整客观地记录营销推介、相关风险和关键信息提示、客户确认和反馈等重要销售环节；录制过程中保护客户隐私，注重客户体验；妥善保存客户已明确知晓产品重要属性和风险信息的相关证据。	10分
107	客户离开时，客户（理财）经理通过点头示意、握手或语言等方式礼貌送别客户。	1分
108	客户（理财）经理熟悉所负责贵宾客户群体的基本情况，定期联系客户，提供专属服务，推荐本行金融产品。	3分
109	不定期组织举办针对贵宾客户的专题活动。	3分

95 贵宾（理财）服务区域相对独立、温馨舒适、格调优雅，客户体验良好，专人接待、引导。

标准示范：

贵宾（理财）服务区域相对独立、温馨舒适、格调优雅

1. 田总，这边请……

2. 好的，谢谢您。

分值：5分。

分值分布（分）：

（1）贵宾（理财）服务区域相对独立（1）、温馨舒适、格调优雅（1）；

（2）客户体验良好（1）；

（3）专人接待、引导（2）。

考评方法：现场观察，查看客户意见簿，调阅监控录像。

扣分点：（1）。

以往扣分情况如下：

（1）贵宾（理财）服务区条件简陋、格调一般，还有私人物品摆放桌面，甚至无专人接待引导或专属通道。

> **温馨提示**
>
> 贵宾理财做得好与否在一定程度上反映了网点转型程度。因此，贵宾（理财）服务区一定要设置得温馨舒适、格调优雅宜人，客户体验良好。贵宾客户通道不宜与普通客户通道混在一起，应有专属通道，专人接待、专人引导。这既解决了差异化服务，又可避免矛盾。

96 贵宾（理财）服务区域分区合理、功能齐全，服务区域内实现一对一专属服务，客户私密保护措施到位。

标准示范：

古今中外不同风格独立的理财室实现一对一专属服务

分值：5分。

分值分布（分）：

（1）贵宾（理财）服务区域分区合理（1.5）、功能齐全（1.5）；

（2）服务区域内实现一对一专属服务（1）；

（3）客户私密保护措施到位（1）。

考评方法：现场观察，查看客户意见簿，调阅监控录像。

扣分点：（1）（3）。

以往扣分情况如下：

（1）贵宾服务区布局、分区不尽合理，区域标识不明晰，甚至无理财室；

（3）客户私密保护措施不到位，如电子显示设备无防窥屏，无私密保护设施等。

温馨提示

贵宾服务区布局和分区应符合私密、便捷、尊贵的原则，区域标识明晰；有一对一专属服务；客户私密保护措施到位，投资理财有独立的私密空间。若条件允许还可免费为贵宾客户提供随时可用于其小范围洽谈的空间，这有利于扩展贵宾客户的朋友成为新的贵宾客户。

97　贵宾（理财）服务区域设置现金服务窗口，且实现独立、封闭或遮挡操作，有效保护客户隐私。

标准示范：

理财室的现金服务窗口，实现独立、封闭、遮挡操作，有效保护客户隐私

分值：4 分。

分值分布（分）：

（1）贵宾（理财）服务区域设置现金服务窗口（2）；

（2）实现独立、封闭或遮挡操作（1）；

（3）有效保护客户隐私（1）。

考评方法：现场观察，调阅监控录像。

扣分点：（2）（3）。

以往扣分情况如下：

（2）贵宾（理财）服务区域设置的现金服务窗口没有独立、封闭或遮挡的独立操作空间；

（3）私密性保护措施不到位。比如手机银行、网上银行没有私密保护设施等。

> **温馨提示**
>
> 　　贵宾（理财）服务区域现金服务窗口最好设置成独立、封闭、遮挡操作的空间，要保护好客户隐私。若有大额现金业务还应尽量提供延伸服务。

98 贵宾（理财）服务区域常备至少2种饮品，工作人员主动询问客户饮品需求。

标准示范：

> 为客户提供了橙汁、桔汁、矿泉水及果品……

> 2. 好的，谢谢！

> 1. 侯经理，您要的咖啡给您磨好了……

分值： 2分。

分值分布（分）：

（1）贵宾（理财）服务区域常备至少2种饮品（1）；

（2）工作人员主动询问客户饮品需求（1）。

考评方法： 现场观察，调阅监控录像。

扣分点：（2）。

以往扣分情况如下：

（2）贵宾（理财）服务区域一般都会配备至少2种饮品。而工作人员主动询问客户饮品需求却不一定做到位。比如，新磨的咖啡不主动征求客户意见就放糖递给客户，有糖尿病的客户就不能饮用。又如，有的网点为节省成本，通过人事代理外聘人员做此项工作，他们一时半会很难与贵宾环境及银行员工融合在一起。

温馨提示

　　贵宾（理财）服务区域尽量不要通过人事代理外聘人员或使用保洁人员做服务。应由客户（理财）经理提供专属理财业务及接待服务，主动关心、询问客户饮品需求。若是新磨咖啡，应指明咖啡豆产自何地、口感等。是否加糖应征询客户意见，或摆放在茶几上，由客户自己选择。这有利于增进客户（理财）经理与客户的沟通。

99 客户（理财）经理及时接待客户，主动礼貌问候、明示身份。

标准示范：

> 1. 您好，我是理财经理，这是我的名片……

> 2. 谢谢。

> 3. 请问先生是想了解或做什么样的投资呢？

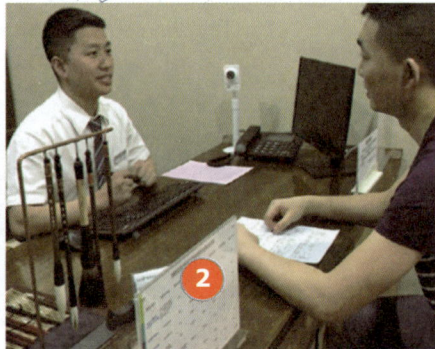

分值： 2分。

分值分布（分）：

（1）客户（理财）经理及时接待客户（1）；

（2）主动礼貌问候（0.5）、明示身份（0.5）。

考评方法： 现场观察，调阅监控录像。

扣分点： （1）（2）。

以往扣分情况如下：

（1）客户来到理财室，客户（理财）经理未及时迎接客户，客户无人搭理；

（2）客户（理财）经理未主动明示身份。

> ❲温馨提示❳
>
> 　　客户来到理财室，客户（理财）经理应及时迎接，主动问候，明示身份，使用尊称。若知晓客户的职务，应称呼客户的职务，或使用客户愿意的称谓称呼客户。

100　客户（理财）经理上岗，持有行业或系统内认证的个人理财上岗资格证书。

标准示范：

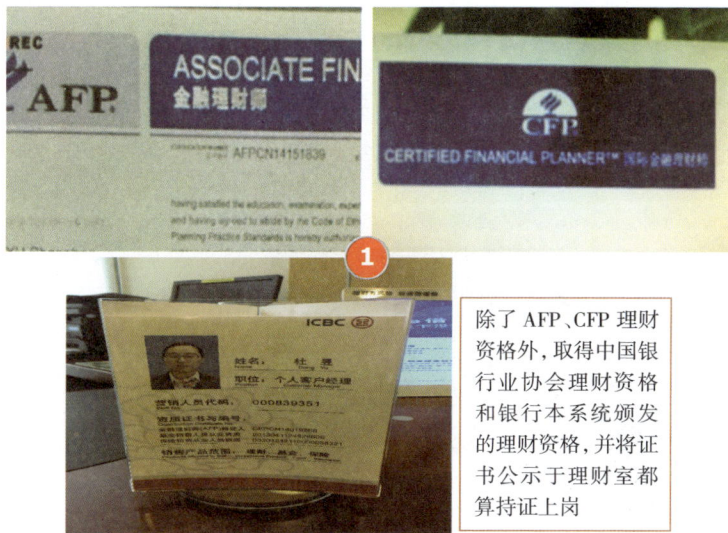

除了 AFP、CFP 理财资格外，取得中国银行业协会理财资格和银行本系统颁发的理财资格，并将证书公示于理财室都算持证上岗

分值：4 分。

分值分布（分）：

（1）客户（理财）经理上岗，持有行业或系统内认证的个人理财上岗资格证书（4）。

考评方法：现场观察。

扣分点：（1）。

以往扣分情况如下：

（1）客户（理财）经理未取得行业或系统内认证的个人理财上岗资

格证书就上岗销售理财产品，为客户理财。另外，客户（理财）经理取得了理财资格证书，但却由于种种原因未在理财室公示出来。

> **温馨提示**
>
> 　　客户（理财）经理应持证上岗，即在取得了行业或系统内认证的个人理财上岗资格证书后方可上岗为客户打理财产。并在理财室显著位置加以公示。可以摆放在理财经理桌上，也可悬挂在墙上。理财证书可以公示原件，也可公示复印件（原件应置放在行里供检查时用）。为了保持工作桌面整洁，理财资格证书可与其他公示牌合并为一块牌匾或框架里。

101　客户（理财）经理业务熟练，熟悉本行金融产品，并可通过电子屏显设备或其他方式，准确熟练向客户介绍。

　　标准示范：

李先生，您好，我行理财产品有激进型、保本型……

李先生，这里有我行近期刚推出的几款理财产品，我给您介绍介绍。

　　分值： 3分。

分值分布（分）：

（1）客户（理财）经理业务熟练（1）；

（2）熟悉本行金融产品（1）；

（3）可通过电子屏显设备或其他方式，准确熟练向客户介绍（1）。

考评方法：查看客户意见簿，调阅监控录像。

扣分点：（2）。

以往扣分情况如下：

（2）客户（理财）经理对本行金融产品类型、募集资金投向、产品未来的风险认知模糊，介绍与回答不清楚。

> **温馨提示**
>
> 　　客户（理财）经理应熟悉本行金融产品，尤其募集资金投向、产品风险等应非常了解。并能利用各种辅助手段，准确熟练向客户介绍，帮助客户认知了解金融产品，从而便于客户自主决策。

102　　客户（理财）经理主动问询客户需求，耐心了解客户理财经历、风险偏好等，对客户的疑问能用浅显易懂的语言给出专业的回答。

标准示范：

分值：5 分。

分值分布（分）：

（1）客户（理财）经理主动问询客户需求（1）；

（2）耐心了解客户理财经历（1.5）、风险偏好等（1.5）；

（3）对客户的疑问能用浅显易懂的语言给出专业的回答（1）。

考评方法：现场观察，调阅监控录像。

扣分点：（2）。

以往扣分情况如下：

（2）客户（理财）经理对客户理财经历、风险偏好等未耐心进行了解就直接推介销售理财产品。

温馨提示

　　客户（理财）经理应主动问询客户的理财需求，耐心了解客户理财经历、风险偏好等，认真进行客户识别，为接下来的服务营销做好信息准备。同时，又要浅显易懂地回答客户的咨询与疑问，帮助客户做到信息对称。

103 　按照监管要求，合规诚信销售产品，进行必要的风险揭示，语言通俗易懂。

标准示范：

2.抱歉，马先生，您看这里有监管规定，销售理财产品不准搞抽奖。

1.理财经理，您好，我若买理财产品，你们有抽奖吗？

4.这得您自己定，理财收益高，但有风险；储蓄无风险，但收益低……

3.您说我是买理财产品好呢，还是储蓄好呢？

理财有风险，投资需谨慎 **②**

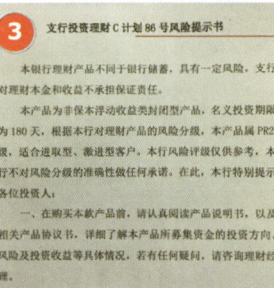

理财产品风险提示书——银行销售理财产品进行充分的风险提示，由投资人理解收益与风险，让客户自行决策购买

分值： 5分。

分值分布（分）：

（1）按照监管要求（1），合规诚信销售产品（1）；

（2）进行必要的风险揭示（1.5）；

（3）语言通俗易懂（1.5）。

考评方法： 现场观察，调阅监控录像。

扣分点： （2）。

以往扣分情况如下：

（2）客户（理财）经理未进行必要的风险揭示，办公桌面未见风险提示标牌或话语，即使有，其字体也较小，置放位置不显著。

温馨提示

在销售理财产品时，客户（理财）经理应向客户进行风险揭示，自己办公桌面上应摆放风险提示标牌，置放位置要显著，便于客户看见。这个标牌可以做成三面的三角体，第一面是风险提示，第二面是理财资质证书缩印版，第三面是"暂停服务，请到邻柜办理"提示。人在岗服务时展示第一面、第二面，人有事离岗时便把第三面对准客户端进行提示。

　　此外，也可以设计成矗立在办公桌面上的可旋转的三角体，一面是风险提示，另一面是监管部门关于录音录像的规定，再一面是客户经理的理财资质证书。既美观又实用，还不占用太多桌面。如下图所示。

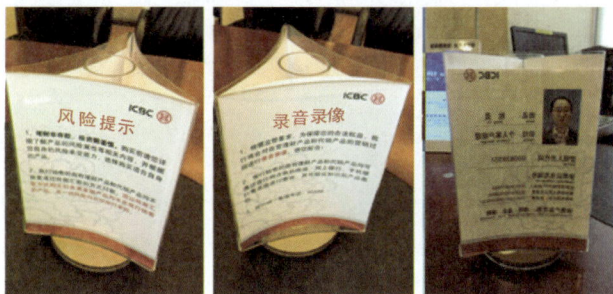

104　客户表达购买意向时，客户（理财）经理按规定对客户进行必要、客观、真实的风险偏好、风险认知和风险承受能力等相关内容测试，并得到客户本人书面确认，确保将合适的产品和服务提供给合适的客户。

标准示范：

2.好的周经理，我需要先对您进行风险评估测试。

3.周经理，这是您刚才填写的风险评估问卷，请您核对后再签名确认。

1.理财经理，我以前没买过。听您介绍后明白了，决定购买点理财产品。

分值：7 分。

分值分布（分）：

(1) 客户表达购买意向时，客户（理财）经理按规定对客户进行必要、客观、真实的风险偏好、风险认知和风险承受能力等相关内容测试（3）；

(2) 得到客户本人书面确认（2）；

(3) 确保将合适的产品和服务提供给合适的客户（2）。

考评方法：调阅相关理财档案资料。

扣分点：（3）。

以往扣分情况如下：

(3) 未将合适的产品和服务提供给合适的客户。当客户测评为稳健型时却要购买激进型产品，而理财经理为了多销售理财产品就将激进型产品销售给了稳健型客户。

> **温馨提示**
>
> 　　首次到银行网点购买理财产品的客户，客户（理财）经理一定要按规定对客户进行必要、客观、真实的风险评估测试，根据客户风险测试结果，把合适的产品介绍给他（她）。充分尊重客户的知情权和选择权。这种规范的做法也是为了银行避免不必要的法律纠纷。

105　　按照客户风险承受能力推荐相应的产品，充分告知客户产品特性、收费情况及客户权益，无诋毁、贬低同业现象，无误导、诱导客户现象，严禁销售未在本行产品信息查询平台上收录的产品。

标准示范：

> 网点禁止"私售"理财产品的自查报告显示无误导、诱导客户现象

> 网点严格遵守上级行关于禁止"私售"理财产品规定
>
> ❹

关于进一步落实禁止"私售"通知精神的自查报告

省分行：

根据省分行《关于进一步加强个人理财产品销售"飞单"防范与自查的通知》（省银发〔2014〕68号）和《关于进一步做好"私售"事件风险排查工作的通知》（省银办发〔2014〕288号）精神，支行自5月份以来先后组织了全行范围、全方位的自查与风险排查工作，没有发现个人理财产品存在"私售"现象。为了巩固成果，防止此类事件的发生，支行专门制定了《禁止员工"私售"理财产品、规范理财产品销售行为的规定》，就合规进理财产品销售工作开展长效机制建设。

现将自查与风险排查工作情况报告如下：

一、基本情况

分值：6分。

分值分布（分）：

（1）按照客户风险承受能力推荐相应的产品（1），充分告知客户产品特性、收费情况及客户权益（1）；

（2）无诋毁、贬低同业现象（1.5）；

（3）无误导、诱导客户现象（1.5）；

（4）严禁销售未在本行产品信息查询平台上收录的产品（1）。

考评方法：现场观察，查看客户意见簿，调阅监控录像。

扣分点：（2）。

以往扣分情况如下：

（2）诋毁、贬低同业，向客户介绍本行理财产品收益如何比其他银行的高，风险如何比其他银行的低等。

温馨提示

在推介理财产品时，客户（理财）经理应按照客户风险承受能力推荐相应的产品；不能误导或诱导客户购买产品，否则客户迟早会明白过来的，这时带来的往往就是抱怨或投诉。也不应诋毁、贬低同业，否则迟早也会带来同业的诋毁与贬低。

106　在产品销售专区内实现自有理财产品与代销产品销售过程全程同步录音录像，完整客观地记录营销推介、相关风险和关键信息提示、客户确认和反馈等重要销售环节；录制过程中保护客户隐私，注重客

户体验；妥善保存客户已明确知晓产品重要属性和风险信息的相关证据。

标准示范：

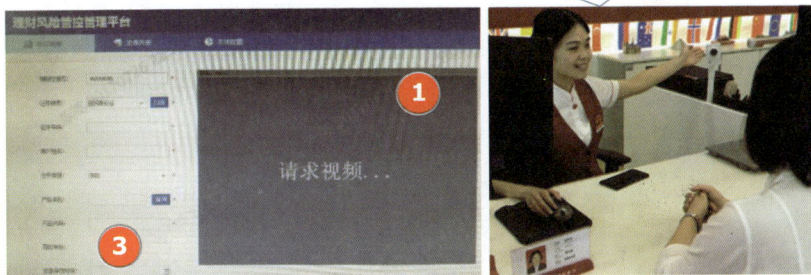

> 田女士您好，按照中国银监会规定，银行自有理财产品与代销产品销售过程全程要同步录音录像，我现在将进行"双录"，请您理解。您购买的这款理财产品是……

分值： 10 分。

分值分布（分）：

（1）在产品销售专区内实现自有理财产品与代销产品销售过程全程同步录音录像（2.5），完整客观地记录营销推介、相关风险和关键信息提示、客户确认和反馈等重要销售环节（2.5）；

（2）录制过程中保护客户隐私，注重客户体验（2.5）；

（3）妥善保存客户已明确知晓产品重要属性和风险信息的相关证据（2.5）。

考评方法： 现场观察，查看客户意见簿，调阅监控录像。

扣分点：（2）（3）。

以往扣分情况如下：

（2）录制过程中语言或行为不当使客户不满意，客户体验不好；

（3）客户已明确知晓产品重要属性和风险信息的相关资料保存不善，或不全，或丢失等。

温馨提示

有了录音录像的监控规定，销售人员要按照程序和规定去介绍理财产品，消费者在购买时也能更清楚地了解产品的性质、自己的权利、责任和所需承担的风险。未来发生纠纷时，也好根据录音录像来处理，这对客户与银行都是公平公正的。因此，"双录"资料应按规定妥善保存。录制过程中要注重语言和服务行为得体，注重客户体验。

107 客户离开时，客户（理财）经理通过点头示意、握手或语言等方式礼貌送别客户。

标准示范：

> 赵经理，请带好您的随身物品，再见。 ①

分值： 1分。

分值分布（分）：

（1）客户离开时，客户（理财）经理通过点头示意、握手或语言等方式礼貌送别客户（1）。

考评方法： 现场观察，查看客户意见簿，调阅监控录像。

扣分点： 无。

以往扣分情况如下：

无，此条在历次考评中未扣过分。

温馨提示

　　客户离开时，客户（理财）经理应放下手中的工作，通过点头示意、握手或语言等方式与客户礼貌道别，给客户留下良好印象。

108 客户（理财）经理熟悉所负责贵宾客户群体的基本情况，

定期联系客户，提供专属服务，推荐本行金融产品。

标准示范：

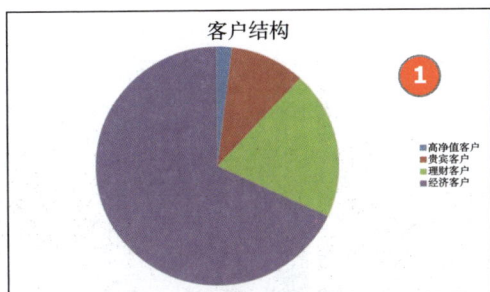

> 田先生，您好，我是您的专属理财经理，我行最近推出了几款新的理财产品……

分值： 3 分。

分值分布（分）：

（1）客户（理财）经理熟悉所负责贵宾客户群体的基本情况（1）；

（2）定期联系客户（1）；

（3）提供专属服务，推荐本行金融产品（1）。

考评方法： 调阅相关联系沟通记录和会议活动等资料。

扣分点：（2）。

以往扣分情况如下：

（2）客户（理财）经理由于种种原因未能定期联系客户。

温馨提示

　　客户（理财）经理应熟悉所负责贵宾客户群体的基本情况和结构，经常、定期联系客户，通过每一次给客户办理业务的机会进一步了解客户。关心客户投资理财，甚至客户拥有企业、公司生产经营状况，为客户提供相关信息咨询服务或相关参考建议等。

109 不定期组织举办针对贵宾客户的专题活动。

标准示范：

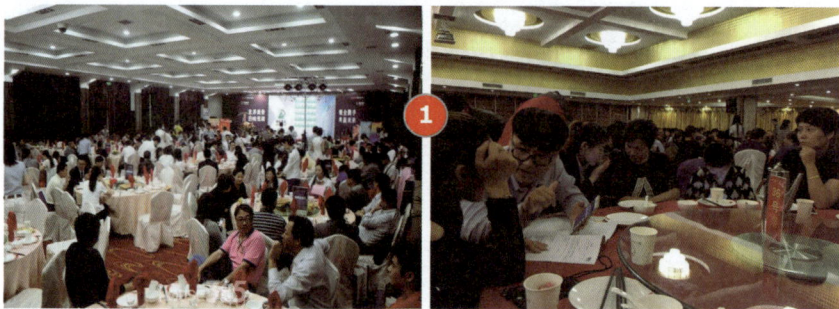

分值： 3 分。

分值分布（分）：

（1）不定期组织举办针对贵宾客户的专题活动（3）。

考评方法： 调阅相关联系沟通记录、会议活动记录、举办沙龙活动记录等资料。

扣分点： 无。

以往扣分情况如下：

无。此条在历次考评中未扣过分。

> **温馨提示**
>
> 　　一般一个季度应举办一次针对贵宾客户的专题活动，可结合银行产品研发与新产品推出情况随时举办专题活动。如产品宣介、健康保健、艺术鉴赏、投资理财、专题讲座、家族传承等沙龙、论坛、会议和单个专属活动等。

第三节　对公服务

本节主要标准与分值

对公服务（25分）		
110	客户到达时，对公业务人员微笑示意、主动礼貌问候。	2分
111	对公业务人员主动问询客户需求，了解客户基本情况，受理客户业务申请，根据客户需求推荐相应的产品和服务。	2分
112	对公业务人员熟悉本行产品和服务，能以浅显易懂的语言，专业解答客户的疑问、咨询。	3分
113	严格执行开销户管理制度，不得擅自违反规定为客户办理。	1分
114	严格执行结算管理制度，不得故意压票、退票。	2分
115	加强中间业务收费管理，严格遵守不准以贷转存、以贷收费、借贷搭售等相关规定。	5分
116	在发放贷款或其他方式提供融资服务时，不得强制捆绑，不得借贷搭售。	5分
117	设置对公业务电子回单柜或提供回单自助打印服务，妥善保管客户交易信息。	3分
118	对公业务人员定期向客户进行对账，发放率及对账率符合监管部门和上级行的要求。	2分

110　客户到达时，对公业务人员微笑示意、主动礼貌问候。

标准示范：

刘经理，您好！您请坐……

分值： 2 分。

分值分布（分）：

（1）客户到达时，对公业务人员微笑示意（1）；

（2）主动礼貌问候（1）。

考评方法：现场观察，查看客户意见簿，调阅监控录像。

扣分点：（1）。

以往扣分情况如下：

（1）客户到达时，对公业务人员没有微笑示意，甚至坐姿不雅。

> **温馨提示**
>
> 　　客户到达时，对公业务人员应热情接待、微笑示意、主动问候、使用尊称。对经常光顾的客户主动尊称其姓氏或职务。给客户以亲切感和真诚感。

111　对公业务人员主动问询客户需求，了解客户基本情况，受理客户业务申请，根据客户需求推荐相应的产品和服务。

标准示范：

1.董经理，您好，请问您办什么业务？

2.我想办一笔贸易融资业务。

3.董经理，请把相关资料给我。

4.我帮您看一看哪一款产品适合您。

分值：2分。

分值分布（分）：

（1）对公业务人员主动问询客户需求（0.5）；

（2）了解客户基本情况（0.5）；

（3）受理客户业务申请（0.5）；

（4）根据客户需求推荐相应的产品和服务（0.5）。

考评方法：查看相关工作记录、与企业、公司往来的相关资料，酌情评分。

扣分点：无。

以往扣分情况如下：

无。此条在历次考评中未扣过分。

> ⦿**温馨提示**
>
> 　　对公业务人员应时刻关注所服务的企业、公司客户的生产经营情况、财务状况，收集和掌握客户需求信息，不断研发产品满足客户需求。

112　对公业务人员熟悉本行产品和服务，能以浅显易懂的语言，专业解答客户的疑问、咨询。

标准示范：

1.董经理，您这属国内采购融资业务，您想办货到付款结算的应付款融资，还是预付款融资？

2.我想办预付款融资。

3.好的，资料已全，这就给您办理。

分值：3 分。

分值分布（分）：

（1）对公业务人员熟悉本行产品和服务（1）；

（2）能以浅显易懂的语言（1），专业解答客户的疑问、咨询（1）。

考评方法：现场观察，查看客户意见簿，调阅监控录像。

扣分点：（2）。

以往扣分情况如下：

（2）对公业务人员对客户的疑问、咨询所做的回答，客户不满意。

> **温馨提示**
>
> 　　对公业务人员应学习掌握本条线专业知识，熟悉本行产品和服务，对客户的疑问、咨询做出专业回答，当好企业、公司的参谋和顾问。

113 严格执行开销户管理制度，不得擅自违反规定为客户办理。

标准示范：

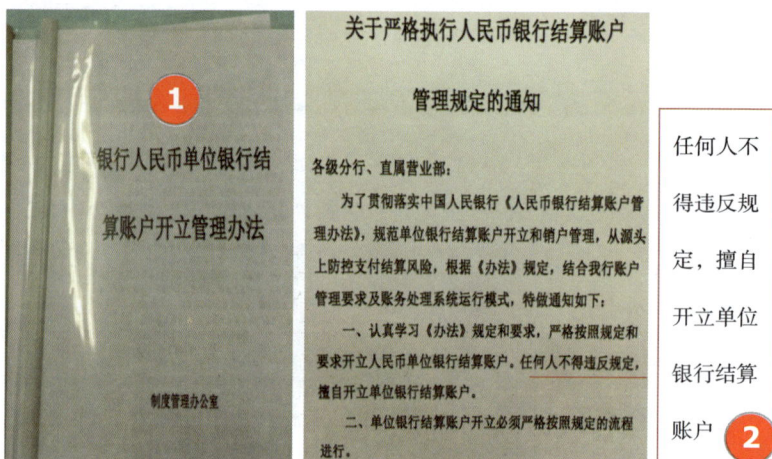

分值： 1 分。

分值分布（分）：

（1）严格执行开销户管理制度（0.5）；

（2）不得擅自违反规定为客户办理（0.5）。

考评方法： 查阅开销户制度、相关工作记录和客户意见簿。

扣分点： 无。

以往扣分情况如下：

无。此条在历次考评中未扣过分。

> **温馨提示**
>
> 　　对公业务人员应严格按照监管要求和所在行相关会计结算业务操作规范的要求，严格按照开销户管理制度，依法合规地为客户办理开销户业务，签署相关协议。不违反规定、擅自开立或撤销单位银行结算账户。

114　严格执行结算管理制度，不得故意压票、退票。

标准示范：

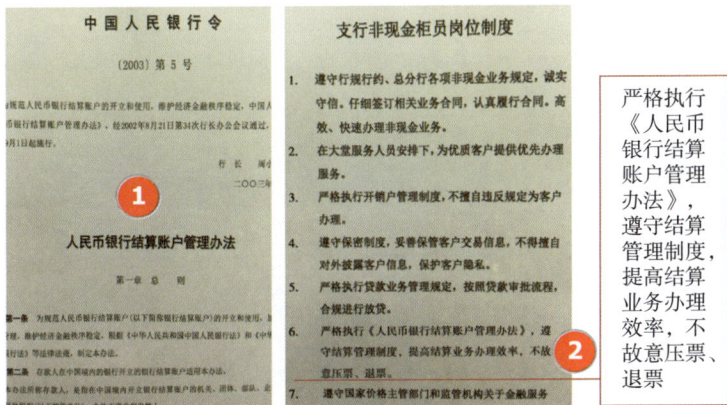

严格执行《人民币银行结算账户管理办法》，遵守结算管理制度，提高结算业务办理效率，不故意压票、退票

分值： 2 分。

分值分布（分）：

（1）严格执行结算管理制度（1）；

（2）不得故意压票、退票（1）。

考评方法： 调阅结算相关制度、相关业务工作记录、客户意见簿。

扣分点：（2）。

以往扣分情况如下：

（2）发现有故意压票、退票现象。

> **温馨提示**
>
> 　　对公业务人员应严格执行中国人民银行《人民币银行结算账户管理办法》，遵守结算管理制度，提高结算业务办理效率，不故意压票、退票、有意占用客户及他行资金。

115 　加强中间业务收费管理，严格遵守不准以贷转存、以贷收费、借贷搭售等相关规定。

标准示范：

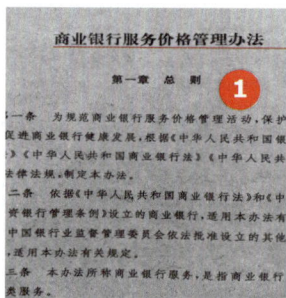

严格执行中国银监会、国家发展改革委2014年第1号令及发改价格规〔2017〕1250号关于暂停部分收费通知精神，强化中间业务收费管理

不以贷转存

不以贷收费

不借贷搭售

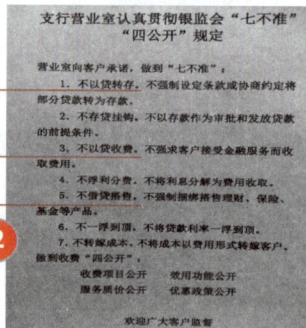

分值：5分。

分值分布（分）：

（1）加强中间业务收费管理（2）；

（2）严格遵守不准以贷转存（1）、以贷收费（1）、借贷搭售等相关规定（1）。

考评方法：查阅中间业务制度、服务收费规定、中间业务收费情况和客户意见簿等。

扣分点：（2）。

以往扣分情况如下：

（2）发现有以贷转存、以贷收费、借贷搭售现象。

> **温馨提示**
>
> 　　对公业务人员应严格执行中国银监会和国家发展改革委2014年第1号令《商业银行服务价格管理办法》《国家发展改革委、中国银监会关于印发商业银行服务政府指导价政府定价目录的通知》（发改价格〔2014〕268号）和《关于取消和暂停商业银行部分基础金融服务收费的通知》（发改价格规〔2017〕1250号）。加强中间业务服务收费管理，做到科学定价、明码标价、自由选择、自主交易。

116 　　在发放贷款或其他方式提供融资服务时，不得强制捆绑，不得借贷搭售。

标准示范：

不借贷搭售。不强制捆绑搭售理财、保险、基金等产品

分值：5分。

分值分布（分）：

（1）在发放贷款或其他方式提供融资服务时，不得强制捆绑（2.5）；

（2）不得借贷搭售（2.5）。

考评方法：查阅中间业务制度、服务收费规定、中间业务收费情况和客户意见簿等。

扣分点：（2）。

以往扣分情况如下：

（2）有时发现搭售理财、保险、基金等现象。

温馨提示

　　对公业务人员在发放贷款或其他方式提供融资服务时，应遵守监管相关规定，尊重金融消费者的选择权，不捆绑搭售和借贷搭售理财、保险、基金等产品。

---

117 设置对公业务电子回单柜或提供回单自助打印服务，妥善保管客户交易信息。

标准示范：

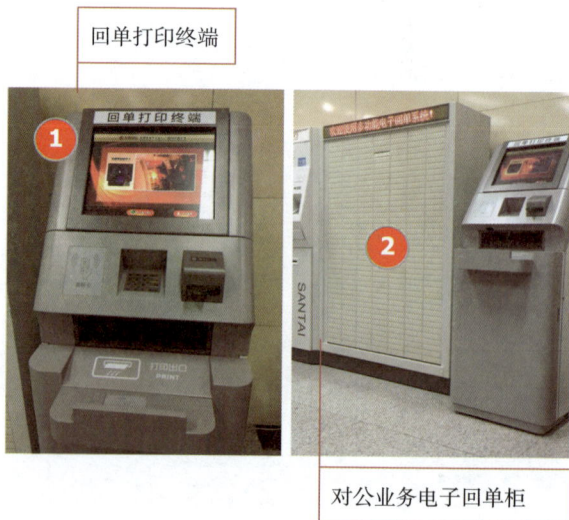

回单打印终端

对公业务电子回单柜

分值： 3分。

分值分布（分）：

（1）设置对公业务电子回单柜或提供回单自助打印服务（1.5）；

（2）妥善保管客户交易信息（1.5）。

考评方法： 调阅相关回单管理规定、相应回单发送领取登记簿、客户意见簿等。

扣分点：（1）。

以往扣分情况如下：

（1）有的电子化水平不高的网点未设置对公业务电子回单柜或提供回单自助打印服务。

> **温馨提示**
>
> 　　银行网点对公业务可以设置企业客户回单柜，定期打印并投放柜中，由客户自行领取。也可配备回单打印机，由客户自主操作打印回单。还可将回单柜设在网上，在网上与企业对账。

银行应与每一位员工签署一份保密协议。业务人员应严格遵守已签署的保密协议，妥善保管客户交易信息。不对外泄露，不擅自披露客户信息资料，不将企业公司交易信息以纸质或电子等任何方式带离银行，保护客户隐私。若对外泄露客户信息资料，不但会引来客户投诉、流失，银行还会面临法律纠纷。保密协议模板如右图所示。

员工保密协议

甲方：　分行营业部

乙方：　　　　　身份证号码：

甲、乙双方根据《中华人民共和国保守国家秘密法》以及国家、银行有关规定，双方在遵循平等自愿、协商一致、诚实信用的原则下，就甲方商业秘密保密事项达成如下协议：

（一）保密范围与内容

保密内容：

1. 甲方所掌握的一切客户的基本信息，包括但不限于客户的姓名、性别、身份证号码、手机号码、家庭电话、办公电话、家庭住址、工作性质、工作单位名称等。

2. 客户在分行营业部开立的各类账户所涉及的一切账户信息及明细，包括但不限于借记卡账户余额、借记卡消费信息、借记卡开户信息、定期存单信息、贷记卡信用额度、贷记卡可用额度、贷记卡消费明细、对公账户余额、对公账户交易明细、国债信息、理财产品信息等。

118　对公业务人员定期向客户进行对账，发放率及对账率符合监管部门和上级行的要求。

标准示范：

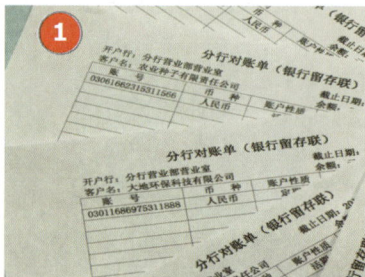

定期向企业公司客户发出对账单进行对账

分行 2018 年 2 月银企对账统计表

机构代号	机构名称	应发对账单	已发对账单	实际发放率	已回收对账单	实际对账率
0301	营业室	3020	3020	100%	3005	99.50%
0302	甲支行	2001	2001	100%	1998	99.85%
0303	乙支行	600	586	97.67%	580	96.67%
0304	丙支行	485	485	100%	452	93.20%
0305	丁支行	68	68	100%	68	100%
0306	戊支行	2680	2615	97.57%	2586	96.49%
合计	全辖	8854	8775	99.11%	8689	98.13%

营业室对公业务对账单发放率达100%，对账率达99.50%，符合监管部门和上级行的要求（平均98%以上）

分值： 2 分。

分值分布（分）：

（1）对公业务人员定期向客户进行对账（1）；

（2）发放率及对账率符合监管部门和上级行的要求（1）。

考评方法： 调阅相关对账记录。

扣分点：（2）。

以往扣分情况如下：

（2）账单发放率及对账率不高，未达到监管部门和上级行的要求。

温馨提示

　　对公业务人员应定期向客户就各类存款、贷款、保函、汇票、银行承兑汇票等账户余额和发生额进行对账，发放率及对账率都应符合监管要求。对大额账户及大额发生额应做到百分之百对账。网点可根据中国银行业监督管理委员会令 2007 年第 6 号《商业银行内部控制指引》的要求，对存款账户实施有效管理，建立和完善银行与客户、银行与银行以及银行内部业务台账与会计账之间的适时对账制度，对对账频率、对账对象、可参与对账人员等做出明确规定，制定银企对账管理办法。网点应按期进行统计分析，并就对账工作做简要自查报告，总结经验，以确保企业（公司）财务和账务的安全。报告范本如下图所示。

营业室银企季度对账报告

省分行：

根据省银监局进一步规范银企对账工作的监管意见和省分行相关工作要求，营业室本季度按规定认真开展了银企对账工作。现将具体情况报告如下：

一、基本情况

营业室本季度有对公账户 3020 户，已发对账单 3020 个，实际发放率 100%；已回收对账单 3005 个，实际对账率 99.50%。达到了省分行的对账要求。其中大额账户和大额发生额对账率达到 100%，余额全部相符。对账工作已纳入了服务管理日常工作范围进行考核。在对账工作中，营业室对重点对公客户，进行了上门对账。同时向对公客户发放网上银企对账宣传折页或通过电话点对点，详细介绍网银对账操作流程和意义。

二、存在的问题

第四节　服务效率

本节主要标准与分值

服务效率（30 分）		
119	优化系统配置，整合操作流程，视情况合理交叉使用针对各类客户群体配置的服务人力、窗口、机具等资源，提高业务办理效率；建立弹性服务制度，实行弹性排班。	8 分
120	柜员办理业务熟练、准确、快捷、高效。	5 分

121	以公告栏公示或客户提示卡等方式，提示本网点业务办理高低峰时段信息。	2 分
122	客户等候管理得当，适时进行情绪安抚，无因客户排长队而投诉的现象。	6 分
123	加强快速业务办理窗口的管理，保持快速窗口的畅通。	3 分
124	各岗位建立联动响应服务机制，通过配置呼叫设备、使用管理手语等方式，实现各服务环节的互动交流、联动协作服务，各岗位衔接顺畅，客户服务流程合理。	6 分

119 优化系统配置，整合操作流程，视情况合理交叉使用针对各类客户群体配置的服务人力、窗口、机具等资源，提高业务办理效率；建立弹性服务制度，实行弹性排班。

标准示范：

网点优化整合服务流程，比如高柜可将弹性窗口、零钞和残币兑换窗口整合在一个综合柜里，灵活弹性安排服务窗口

增加智能机具的投入，解放高柜和低柜人员，前移到厅堂来进行服务指导，使网点大堂实现仓储或超市化管理，还可业务预约，提高服务效率，又能增强客户体验，吸引客户

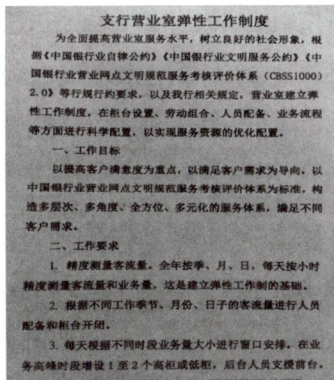

分值： 8 分。

分值分布（分）：

（1）优化系统配置，整合操作流程（2）；

（2）视情况合理交叉使用针对各类客户群体配置的服务人力、窗口、机具等资源，提高业务办理效率（2）；

（3）建立弹性服务制度（2）；

（4）实行弹性排班（2）。

考评方法： 现场观察，调阅排班制度，查看客户意见簿。

扣分点：（3）（4）。

以往扣分情况如下：

（3）未建立弹性服务制度；

（4）未实行弹性排班。

温馨提示

　　网点服务应不断优化整合操作流程，缩短服务链条，提高业务办理效率；建立弹性工作制度，视每天每时刻网点排队情况实行弹性排班工作制，合理调配人力资源和窗口资源。弹性排班人员范围包括高柜人员、低柜人员、大堂经理、理财经理和客户经理。此外，对公业务和零售业务都可根据业务量等具体情况实行预处理和预约办理，提高客户满意度。营业大厅客户较多，而贵宾室有空时，可按号码顺序将客户引到贵宾室办理，合理交叉使用资源。有的网点将卡业务、转账业务、结售汇业务、贵金属业务、缴费、柜台预填单、基金买卖、自助发卡和金融信息查询等业务整合到自助通终端办理，大大提高了大厅服务效率。如下图所示。

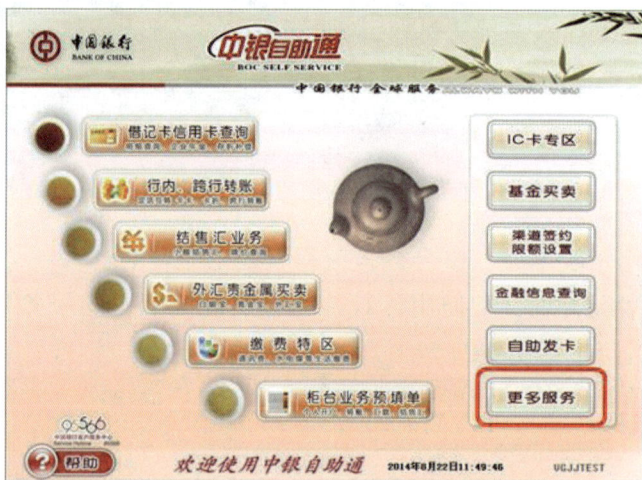

120 柜员办理业务熟练、准确、快捷、高效。

标准示范：

徐经理，您好，您这笔业务大约需要3分钟，请您稍等。

1. 对公开户类，根据中国人民银行结算管理办法规定和我行的结算管理要求，对核准类账户在手续完备后5个工作日内办好开户手续。对报备类账户在手续完备后1个工作日内办好开户手续。

2. 对企业网银，新开户的在印鉴启用后2个工作日内完成网银注册工作。存量客户开户，在两个工作日内完成尽职调查，在完成尽职调查后1个工作日内完成网银注册。

对公业务快速高效，实行限时服务，对公结算类开户5个工作日内完成，报备类账户1个工作日内完成

分值：5分。

分值分布（分）：

（1）柜员办理业务熟练（1）；

（2）准确（1）；

（3）快捷（1）；

（4）高效（2）。

考评方法：现场观察，查看客户意见簿。

扣分点：（4）。

以往扣分情况如下：

（4）柜员办理业务时间过长、效率不高，引起客户抱怨。

温馨提示

　　银行相关部门应组织对公和零售等业务一线员工定期开展岗位练兵和业务技能培训，使柜员熟练掌握业务技能，能准确、快捷、高效地办理业务。

121　以公告栏公示或客户提示卡等方式，提示本网点业务办理高低峰时段信息。

标准示范：

| 一天高峰提示 | 一周流量提示 |

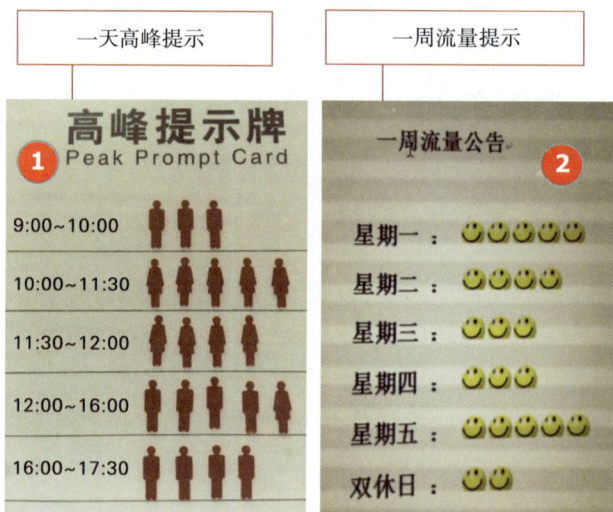

分值： 2分。

分值分布（分）：

（1）以公告栏公示或客户提示卡等方式（1）；

（2）提示本网点业务办理高低峰时段信息（1）。

考评方法： 现场观察。

扣分点：（2）。

以往扣分情况如下：

（2）网点没有以公告栏公示或其他方式提示网点业务办理高低峰时段信息。

温馨提示

　　网点一周流量公告和一天高峰提示应综合反映对公和零售业务网点业务量。以公告栏公示或其他方式提示网点业务办理高低峰时段信息，有利于客户自行调整时间，错峰来银行办理业务，减少抱怨，提高客户满意度。

122　　客户等候管理得当，适时进行情绪安抚，无因客户排长队而投诉的现象。

标准示范：

一年来客户意见簿上未见客户抱怨排长队

分值：6分。

分值分布（分）：

（1）客户等候管理得当（2），适时进行情绪安抚（2）；

（2）无因客户排长队而投诉的现象（2）。

考评方法：现场观察，查看客户意见簿。

扣分点：无。

以往扣分情况如下：

无。此条在历次考评中未扣过分。

> **温馨提示**
>
> 　　网点应尽量调配好服务人员与窗口，若能让客户在20分钟内办理业务，一般而言，客户就不会投诉。若客户等候超过20分钟，网点就应及时采取措施，或安排弹性窗口，或二次分流客户等。

123 加强快速业务办理窗口的管理，保持快速窗口的畅通。

标准示范：

支行快速业务办理窗口管理规定

① 为了给广大客户提供文明规范、优质高效服务，改善客户体验，提高客户满意度，支行进一步强化快速业务办理窗口管理，办理以下业务的客户可直接进入快速业务办理窗口办理业务：
一、抗灾、救灾款项划拨，为此或公益慈善进行的捐款等业务；
二、3万元以下简单存款、取款业务，不习惯自助服务的特殊人群简单转账汇款等；
三、养老金集中发放、国债销售、纪念币发行等业务。

抗灾救灾款项划拨、3万元以下的简单业务、养老金集中发放等在此窗口办理

快速通道 Fast Channel ②

分值：3分。

分值分布（分）：

（1）加强快速业务办理窗口的管理（1.5）；

（2）保持快速窗口的畅通（1.5）。

考评方法：现场观察，查看客户意见簿。

扣分点：无。

以往扣分情况如下：

无。此条在历次考评中未扣过分。

温馨提示

　　网点应设立"快速通道"，加强快速窗口的管理，大堂经理可注意引导分流，让符合条件的客户到"快速通道"办理快速业务，保持快速窗口的畅通。若快速窗口出现排长队，往往其他窗口也排上长队了。应及时进行二次分流：一是大堂服务人员应主动上前询问，引领客户到自助设施上指导客户办理。二是遵循前者优先原则，将大厅客户引领分流到理财室办理业务。

124　各岗位建立联动响应服务机制，通过配置呼叫设备、使用管理手语等方式，实现各服务环节的互动交流、联动协作服务，各岗位衔接顺畅，客户服务流程合理。

　　标准示范：

呼叫联动呼叫器，既可用于内部，又可供客户使用

支行各岗位联动响应服务机制

　　为创新服务管理模式，加快业务处理，提高服务工作效率，实现各业务环节互动交流，特建立岗位联动响应服务机制。网点负责人、理财经理、客户经理、大堂经理、前后台柜员各岗位之间，通过使用电子呼叫设备、管理手语等方式，实现互动交流、联动协作服务，提高业务办理效率。

　　1、配备电子呼叫设备。各柜口配备呼叫器，柜员按下相应按键便能呼叫相关人员。网点正副职、理财经理、客户经理、大堂经理及现场管理人员每人佩戴呼叫接收腕表，以响应柜员呼叫，提供相应及时准确的服务。

　　2、使用管理手语。不同区域大堂经理按支行设计的服务管理手语，进行沟通互动。

当柜员按下呼叫器呼叫某大堂经理时，该大堂经理的腕表便会震动，并知晓是哪一个柜台呼叫，及时解决问题。实现互动交流、联动协作服务

分值：6分。

分值分布（分）：

（1）各岗位建立联动响应服务机制（1.2）；

（2）通过配置呼叫设备（1.2）；

（3）使用管理手语等方式（1.2）；

（4）实现各服务环节的互动交流、联动协作服务（1.2）；

（5）各岗位衔接顺畅，客户服务流程合理（1.2）。

考评方法：现场观察，调阅相关制度，查看客户意见簿。

扣分点：（2）（3）。

以往扣分情况如下：

（2）没有给员工配置呼叫设备；

（3）没有内部人员手语管理模式。

温馨提示

　　银行营业网点营业大厅各岗位之间应建立起联动响应服务机制，给员工配置呼叫设备，配合手语管理模式，使各服务环节进行互动交流、联动协作服务。同时在客户休息等候区、填单台、互联网金融体验区、理财区等区域设施上配置固定呼叫按钮，使客户与大堂服务人员实现互动交流，有利于大堂服务人员较好地为客户提供辅导服务。

第六章　　员工管理

本章由人员配备、员工仪容仪表、员工行为管理和员工权益保护与培训四个部分组成。主要解决以人为本，关爱员工，使员工生产力暴发。本章总分 100 分，各部分分值分布详见下表。

员工管理（100 分）	
第一节　人员配备	15 分
第二节　员工仪容仪表	10 分
第三节　员工行为管理	40 分
第四节　员工权益保护与培训	35 分

第一节　人员配备

本节主要标准与分值

人员配备（15 分）		
125	按功能区域与岗位分工，人员配备合理，人员业务技能满足岗位需求。	3 分
126	配备至少两名大堂经理等服务引导人员，并能保证营业时间始终在岗；定编超过 25 人的网点有相当于网点副职级别的大堂服务人员承担现场服务管理职责。	4 分
127	配备具有理财和代销业务相应资格的销售人员，满足客户的理财类业务基本需要；除本行销售人员外，禁止其他任何人员在营业场所开展任何形式的营销活动。	5 分
128	配备具有手语、英语口语、当地方言、当地少数民族语言交流能力的服务人员，满足业务交流需要。	3 分

125 按功能区域与岗位分工，人员配备合理，人员业务技能满足岗位需求。

标准示范：

按功能区域与岗位分工，对公业务、理财业务、高柜现金业务等配备了充足人员

员工业务技能满足岗位需求，能很好地辅导客户使用网上银行、手机银行、智能自助设备等；为理财客户和对公客户量身定制产品与服务

分值： 3分。

分值分布（分）：

（1）按功能区域与岗位分工（1），人员配备合理（1）；

（2）人员业务技能满足岗位需求（1）。

考评方法： 现场观察，查看客户意见簿。

扣分点： （2）。

以往扣分情况如下：

（2）人员业务技能不能满足岗位需求，对客户提出的问题解答不清，客户不满意。

温馨提示

　　网点应按功能区域与岗位分工，以及业务发展情况合理配备人员。大厅服务人员与客户数量匹配，大厅服务人员能忙得过来，客户体验方能良好。员工加班不频繁。

126　配备至少两名大堂经理等服务引导人员，并能保证营业时间始终在岗；定编超过 25 人的网点有相当于网点副职级别的大堂服务人员承担现场服务管理职责。

标准示范：

配备了网点副职级以上大堂服务人员负责大堂服务管理

分值： 4 分。

分值分布（分）：

（1）配备至少两名大堂经理等服务引导人员（1.5），并能保证营业时间始终在岗（1.5）；

（2）定编超过 25 人的网点有相当于网点副职级别的大堂服务人员承担现场服务管理职责（1）。

考评方法：现场观察，查阅相关制度规定。

扣分点：（2）。

以往扣分情况如下：

（2）定编超过25人的网点没有配备相当于网点副职级别的大堂经理从事大堂服务管理。

温馨提示

中大型网点一般应配备三名以上大堂经理，才能保证营业时间始终有两名大堂经理在岗。定编超过25人的网点应配备相当于网点副职级别的大堂经理从事大堂服务管理，并赋予其职权，便于其管理，大堂才能步调一致，井井有条。

---

127 配备具有理财和代销业务相应资格的销售人员，满足客户的理财类业务基本需要；除本行销售人员外，禁止其他任何人员在营业场所开展任何形式的营销活动。

标准示范：

配备了有AFP或CFP、中国银行业协会理财证书等资质的理财人员，此外，无其他任何人员在营业场所开展营销活动

分值：5分。

分值分布（分）：

（1）配备具有理财和代销业务相应资格的销售人员（1.5），满足客户的理财类业务基本需要（1.5）；

（2）除本行销售人员外，禁止其他任何人员在营业场所开展任何形式的营销活动（2）。

考评方法：现场观察，查阅相关制度规定，调阅监控录像等。

扣分点：（1）。

以往扣分情况如下：

（1）配备的理财人员没有相应资质。

> **温馨提示**
>
> 　　根据《银行业金融机构销售专区录音录像管理暂行规定》第六条，"银行业金融机构销售人员应遵循相关监管要求并具有理财及代销业务相应资格，销售人员相关信息及其销售资格应在专区内进行公示，法律法规另有规定的除外。除本机构工作人员外，禁止其他任何人员在营业场所开展营销活动。"本条属中国银监会的刚性规定，网点任何时候都必须执行好。

128　　配备具有手语、英语口语、当地方言、当地少数民族语言交流能力的服务人员，满足业务交流需要。

标准示范：

1.您好，请坐。

2.请问，您要办理什么业务？

1.Welcome to our branch！

2.Thank you！

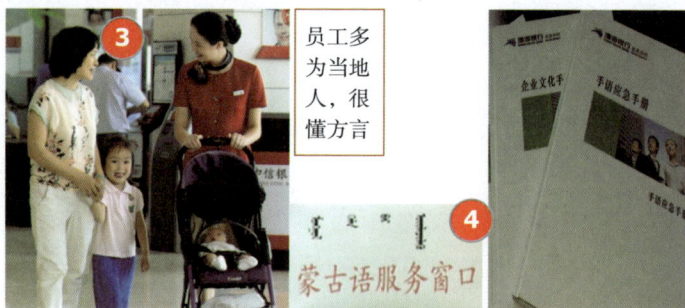

分值：3分。

分值分布（分）：

（1）配备具有手语（1）；

（2）英语口语（1）；

（3）地方方言（0.5）；

（4）当地少数民族语言交流能力的服务人员，满足业务交流需要（0.5）。

考评方法：现场观察，调阅监控录像。

扣分点：（1）。

以往扣分情况如下：

（1）未配备具有手语交流能力的服务人员，或虽已配备，但手语专业能力不强，仅懂一点简单问候。

温馨提示

　　为了满足特殊群体客户的基本需求，网点手语服务人员最好配备两名以上，以备轮休倒班需要。随着金融国际化的推进，涉外金融服务需求越来越大，为了满足涉外服务的基本需要，银行网点应配备两名以上英语服务人员。大型网点最好能配备会多语种或多名不同语种的外语服务人员，并在大厅醒目位置公示，以满足外宾办理业务需要。如下图所示。

德　语　　法　语

英　语　　手　语

第二节　员工仪容仪表

本节主要标准与分值

员工仪容仪表（10分）		
129	员工统一佩戴工作胸牌或摆放中英文服务公示牌（或电子显示屏），并明示本行标识（如佩戴行徽），以及员工工号或姓名。	3分
130	员工形象大方，着装规范、统一、整洁，妆容、发式、饰物、鞋袜等不夸张，符合本行上岗规范。	4分
131	员工精神饱满，站姿挺拔、坐姿端庄、行姿稳健，体现良好的修养和职业形象。	3分

129　员工统一佩戴工作胸牌或摆放中英文服务公示牌（或电子显示屏），并明示本行标识（如佩戴行徽），以及员工工号或姓名。

标准示范：

员工在工作期间均佩戴了统一的工号牌，工号牌上明示了银行标识，员工姓名、岗位、工号等，并采用了中英文对照；除大堂服务人员外，现金柜员、对公业务人员、低柜理财经理均在柜台上摆放了统一的员工信息桌签，在包括工号牌信息的基础上还张贴了员工照片，方便客户与员工之间交流沟通

员工统一佩戴的工号牌

员工统一摆放的中英文服务公示牌

分值：3分。

分值分布（分）：

（1）员工统一佩戴工作胸牌或摆放中英文服务公示牌（或电子显示屏）（1）；

（2）明示本行标识（如佩戴行徽）（1）；

（3）明示员工工号或姓名（1）。

考评方法：现场观察，调阅监控录像。

扣分点：（1）。

以往扣分情况如下：

（1）网点员工未统一佩戴工作胸牌或摆放中英文服务公示牌（或电子显示屏），一名员工未佩戴扣1分，直到扣完为止。

温馨提示

员工统一佩戴工作胸牌或摆放中英文服务公示牌（或电子显示屏）上班应形成习惯。佩戴工作胸牌还能起到提示自己已处于工作状态的作用。

---

130 员工形象大方，着装规范、统一、整洁，妆容、发式、饰

物、鞋袜等不夸张，符合本行上岗规范。

标准示范：

员工妆容、发式、饰物等不夸张，特别标准标志

员工形象大方，着装规范、统一、整洁，鞋袜等不夸张

分值： 4 分。

分值分布（分）：

（1）员工形象大方（1）；

（2）着装规范、统一、整洁（1）；

（3）妆容、发式、饰物、鞋袜等不夸张（1）；

（4）符合本行上岗规范（1）。

考评方法： 现场观察，调阅监控录像。

扣分点：（3）。

以往扣分情况如下：

（3）发饰不统一，佩戴饰物夸张，如超大耳环，一手戴多个戒指，甚至有的员工头发凌乱、女员工头发刘海过眉等。

另外，虽然装束符合标准要求，但有的员工不讲究个人卫生，忙忙碌碌几天不换洗衣物，身上有汗臭，影响单位和个人形象，给客户的印象不好。

> **温馨提示**
>
> 　　一个网点就是一家银行的窗口，因此，网点员工形象往往代表一家银行的形象。员工仪表形象能反映出一家银行服务的软实力与员工素质。员工仪表形象又由发部礼仪、面部礼仪、肢体礼仪、服饰礼仪、饰物礼仪、鞋袜礼仪等组成。良好的仪表形象能给客户以神清气爽的感觉，可给客户一种亲近感。同时也会使员工对工作和生活充满信心和自信。

131　员工精神饱满，站姿挺拔、坐姿端庄、行姿稳健，体现良好的修养和职业形象。

　　标准示范：

员工精神饱满　①　②　站姿挺拔

坐姿端庄　③　④　行姿稳健

蹲姿优雅　⑤

分值：3 分。

分值分布（分）：

（1）员工精神饱满（0.6）；

（2）站姿挺拔（0.6）；

（3）坐姿端庄（0.6）；

（4）行姿稳健（0.6）；

（5）体现良好的修养和职业形象（0.6）。

考评方法：现场观察，调阅监控录像。

扣分点：（1）（2）（3）。

以往扣分情况如下：

（1）员工没精神；

（2）站姿随意，不规范，如抱臂站立等；

（3）坐姿变形，身体扭曲。

发现 1 人 1 次不规范扣 0.6 分，扣完该细项分为止。

> **温馨提示**
>
> 　　在与客户交往时，保持良好的气质修养和职业形象，这是对客户的尊重，容易获得客户的信赖，给客户留下一个好印象。在职场中也容易得到同事的认可。人际交往中有一个魔鬼数字，即仪表仪态或肢体语言给人留下的印象占 55%，语音语调占 38%，说话内容占 7%。可见职业形象的重要性。如下图所示。

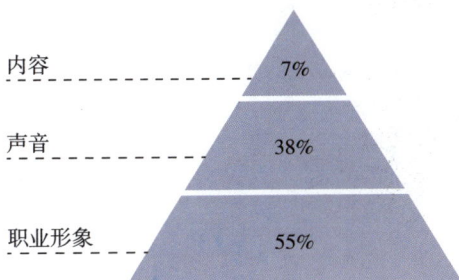

内容 —————————— 7%

声音 —————————— 38%

职业形象 —————————— 55%

第三节 员工行为管理

本节主要标准与分值

员工行为管理（40 分）		
132	加强员工行为管理，贯彻执行员工行为标准、职业操守制度，鼓励员工坚持抵制各类违法违规行为，防范各类外部风险。	5 分
133	员工微笑服务，热情周到，保持对客户的自然关注，有亲和力和良好的沟通能力。	5 分
134	员工语言规范，语速平稳，使用文明服务用语，首问使用普通话。	5 分
135	员工服务行为专业得体，举止文雅大方，手势自然，动作规范。	5 分
136	实行首问负责制，认真对待客户提问，不搪塞、不推诿，需同事协助时及时启用联动服务，并将客户推介至相关区域或岗位人员。	5 分
137	坚持"先外后内"的服务原则，在客户办理业务过程中，始终关注客户业务办理的情况和进程。	5 分
138	员工服务客户时若遇其他客户咨询业务或打招呼，适时给予回应或示意，待与其直接交流时向客户的耐心等待致谢。	4 分
139	认真值守岗位，工作期间在客户视线范围内无聊天、大声喧哗、接打私人电话、处理私人事务等现象，不做与业务无关的事。	6 分

132 加强员工行为管理，贯彻执行员工行为标准、职业操守制度，鼓励员工坚持抵制各类违法违规行为，防范各类外部风险。

标准示范：

通过晨会、夕会等学习贯彻员工行为标准、职业操守制度

通过开展各种积极健康向上的活动，丰富员工生活，陶冶员工情操，纯洁员工思想，避免各类外部风险

分值： 5 分。

分值分布（分）：

（1）加强员工行为管理（1.5）；

（2）贯彻执行员工行为标准、职业操守制度（1.5）；

（3）鼓励员工坚持抵制各类违法违规行为，防范各类外部风险（2）。

考评方法： 调阅相关员工管理资料与记录。

扣分点： （2）。

以往扣分情况如下：

（2）执行员工行为标准、职业操守制度不严，致使网点出现员工违规行为。

> **温馨提示**
>
> 　　员工行为标准、职业操守制度的贯彻，一方面要通过刚性的组织学习；另一方面应寓教于乐，通过开展各种积极健康向上的活动，丰富员工生活，陶冶员工情操，纯洁员工思想，有意传递正能量，增强风险识别能力，避免各类外部风险。

133　员工微笑服务，热情周到，保持对客户的自然关注，有亲和力和良好的沟通能力。

标准示范：

分值： 5分。

分值分布（分）：

（1）员工微笑服务（1）；

（2）热情周到（1）；

（3）保持对客户的自然关注（1）；

（4）有亲和力（1）；

（5）有良好的沟通能力（1）。

考评方法：现场观察，调阅监控录像。

扣分点：（4）。

以往扣分情况如下：

（4）亲和力不强。

发现1人1次扣1分，扣满5分为止。

> **温馨提示**
>
> 　　以上五点只是人的内在形象的外在表现，员工心中只要装着客户，自然就有微笑了，服务也热情周到了，表情也自然了，亲和力也有了，沟通也顺畅了。在这里要特别强调微笑，微笑是不用翻译的世界语言，它能传递亲切、友好、愉快的信息。微笑转瞬即逝却往往能留下永久的回忆。微笑服务能带来良好的第一印象，给客户以愉悦感，给工作带来便利，提高工作效率。微笑服务能为网点塑造良好的社会印象。

134 员工语言规范，语速平稳，使用文明服务用语，首问使用普通话。

标准示范：

田经理，请您放心，我们的金融服务保证让您满意。 ①

（首问使用普通话）先生，您好！请问您需要办理什么业务？

请您带好物品，再见。

王经理，您的业务已经办好了，这是全部资料，请带好，请问还要办理其他业务吗？

分值：5分。

分值分布（分）：

（1）员工语言规范（1）；

（2）语速平稳（1）；

（3）使用文明服务用语（2）；

（4）首问使用普通话（1）。

考评方法：现场观察，调阅监控录像。

扣分点：（3）（4）。

以往扣分情况如下：

（3）未使用文明服务用语，如称客户为"你"，而不用"您"；

（4）首问使用了方言等。

发现1人1次不规范扣1分，扣满5分为止。

> **温馨提示**
>
> 　　语言是思想的外壳，要牢固树立"以客户为中心"的服务理念。尊重客户，做到"三声服务"——来有迎声、问有答声、走有送声。服务用语和礼貌称谓要自然、亲切。称谓又有单个客人称呼法和群体客人称呼法。语音尽量标准、语调适中，语速平稳，语气亲切，首问使用普通话。切忌叫错客户姓名、使用过时的称呼和用绰号称呼等。

135 员工服务行为专业得体，举止文雅大方，手势自然，动作规范。

标准示范：

分值：5 分。

分值分布（分）：

（1）员工服务行为专业得体（1.5）；

（2）举止文雅大方（1.5）；

（3）手势自然（1）；

（4）动作规范（1）。

考评方法：现场观察，调阅监控录像。

扣分点：（4）。

以往扣分情况如下：

（4）动作不规范太随意，挖鼻孔、挠头、抓耳挠腮、手托腮等。

检查中出现1人1次做不到扣1分，扣满5分为止。

> **温馨提示**
>
> 　　上述四点能否做到，反映了一个网点员工行为修养的高与低。员工服务行为专业得体反映出网点员工专业素养高。举止文雅大方体现出员工良好的自我修养；手势自然、动作规范展示了员工良好的职业规范和服务效率。这些要求需要员工在长期的实践中不断砥砺炼才能成为习惯，习惯成自然。

136 实行首问负责制，认真对待客户提问，不搪塞、不推诿，需同事协助时及时启用联动服务，并将客户推介至相关区域或岗位人员。

标准示范：

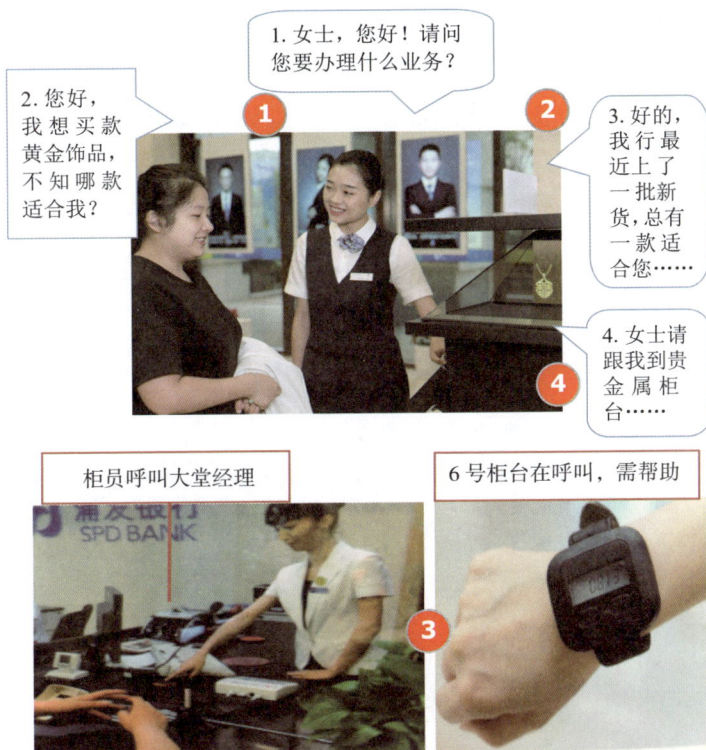

分值：5 分。

分值分布（分）：

（1）实行首问负责制（2）；

（2）认真对待客户提问，不搪塞、不推诿（1）；

（3）需同事协助时及时启用联动服务（1）；

（4）将客户推介至相关区域或岗位人员（1）。

考评方法： 现场观察，调阅监控录像。

扣分点： （1）（2）。

以往扣分情况如下：

（1）实行首问负责制不到位；

（2）对客户提问，搪塞、推诿。

这两点是主要的扣分点。发现1人1次不规范扣1分，扣满5分为止。

温馨提示

　　员工应练就承担首问负责制的勇气，认真对待客户提问，仔细聆听和分析客户所提的问题，若是自己职责范围内的事，则不搪塞、不推诿，及时回答并积极帮助客户解决问题。若需同事协助时及时呼叫联动服务，将客户推介至相关区域或岗位人员，并与同事一起帮客户解决问题。实行首问负责制，能够炼就员工独当一面的能力，并产生在内在趋动下去学习钻研业务的冲动。这对一个人的职业生涯与职业进步帮助很大。

137 坚持"先外后内"的服务原则，在客户办理业务过程中，始终关注客户业务办理的情况和进程。

标准示范：

分值：5分。

分值分布（分）：

（1）坚持"先外后内"的服务原则（3）；

（2）在客户办理业务过程中，始终关注客户业务办理的情况和进程（2）。

考评方法：现场观察，调阅监控录像。

扣分点：（2）。

以往扣分情况如下：

（2）在客户办理业务过程中，服务人员未能关注客户业务办理的情况和进程而抽身做别的事去了，离开时又未跟客户打招呼。

> **温馨提示**
>
> 　　这条标准充分体现了对客户的尊重，也正是"以客户为中心"服务理念的体现。同时还可有效避免客户抱怨与投诉，对提高客户满意度有显著效果。

138　员工服务客户时若遇其他客户咨询业务或打招呼，适时给予回应或示意，待与其直接交流时向客户的耐心等待致谢。

标准示范：

1.抱歉，徐经理，请坐，刚才的客人较多，让您久等了，感谢您的耐心等待。

2.别客气，刚才看您在忙，给您打了声招呼，看见您回应我了。

3.谢谢您的理解！

分值：4分。

分值分布（分）：

（1）员工服务客户时若遇其他客户咨询业务或打招呼，适时给予回应或示意（2）；

（2）待与其直接交流时向客户的耐心等待致谢（2）。

考评方法：现场观察，调阅监控录像。

扣分点：无。

以往扣分情况如下：

无。此条在历次考评中未扣过分。

> **温馨提示**
>
> 　　员工服务客户时若遇其他客户咨询业务或打招呼，应适时给予回应或示意，表示请其稍等，待将眼前这位客户的业务办好后就给他（她）办理。当轮到那位客户并直接与其交流时，应向该位客户的耐心等待致谢。这样就把前后的客户都维护好了，前后客户都能满意。

139　认真值守岗位，工作期间在客户视线范围内无聊天、大声喧哗、接打私人电话、处理私人事务等现象，不做与业务无关的事。

标准示范：

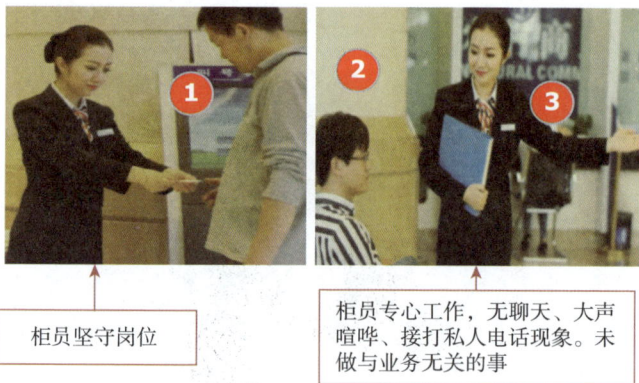

柜员坚守岗位

柜员专心工作，无聊天、大声喧哗、接打私人电话现象。未做与业务无关的事

分值：6分。

分值分布（分）：

（1）认真值守岗位（1）；

（2）工作期间在客户视线范围内无聊天（1）、大声喧哗（1）、接打私人电话（1）、处理私人事务（1）等现象；

（3）不做与业务无关的事（1）。

考评方法：现场观察，调阅监控录像。

扣分点：（3）。

以往扣分情况如下：

（3）做与业务无关的事。

发现 1 人 1 次扣 1 分，扣满 5 分为止。

> **温馨提示**
>
> 　　员工工作期间应值守岗位，将每一位客户服务好，不聊天、不大声喧哗、不接打私人电话，不做与业务无关的事情。有间隙时间时可以进行内部整理，或学习、钻研业务，观察了解客户，分析、思考改进工作，增长才干。但若有客户来电咨询或办理业务，应尽量避开现场客户的视线，倘若正在给现场客户办理业务，则请电话客户耐心等待，稍后待办完手中的业务便回电，并同时向现场客户致谢。

第四节　员工权益保护与培训

本节主要标准与分值

员工权益保护与培训（35 分）		
140	以人为本，注重人才队伍培养，有优秀员工奖励与晋升通道，职业环境良好。	5 分
141	遵守劳动法规，不随意延长员工工作时间，确需延长劳动时间的，按规定给予调休或支付加班工资。	5 分
142	实施员工轮休及带薪休假制度，保护员工休息、休假权利。	5 分
143	员工桌椅、柜台等工作设施及环境突出人性化，并配置更衣、化妆、休息、就餐、活动、文化展示、情绪缓冲等功能区域。	8 分
144	定期组织开展文明规范服务、业务技能、消费者权益保护等培训，记录完整。	6 分
145	注重员工关爱，定期开展情绪管理、减压训练、沟通技巧等辅导，保护员工身心健康；团队氛围积极向上，积极开展团队建设活动，记录完整。	6 分

140 以人为本，注重人才队伍培养，有优秀员工奖励与晋升通道，职业环境良好。

标准示范：

支行人才培养规划

① 为了具体体现"以人为本"的管理思想，培养和造就更多优秀人才，拓宽人才成长渠道，创新人才管理模式，促进各项业务快速发展，特制定本人才培养规划。

1、加强考核与激励制度建设。年中和年末员工考评坚持客观、公平、公正的原则，奖励先进，帮扶递进，鞭策后进。为优秀员工打开晋升通道。

2、鼓励岗位成才。鼓励员工参与行业和本行系统的技术比武、业务知识竞赛等个人技能技巧的比拼。成绩优胜者将作为员工职业规划发展的参考。

3、鼓励员工参与相关职业资格考试。员工在尽职尽责完成本职工作之外，可参与国家承认，或行业承认，或本行系统承认的与工作相关的职业资格考试，获取职业资格证书。员工所获得的相关职业资格将作为其

以人为本，培养人才

奖励先进，为优秀员工打开晋升通道 ③

鼓励员工岗位成才和参加职业资格考试等，职业环境良好 ②④

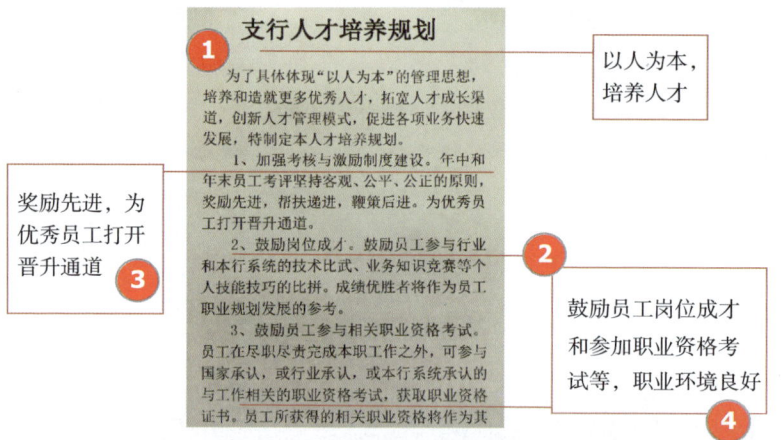

支行"服务明星"考核办法明确鼓励岗位成才。岗位成才是人才培养规划的重要组成部分。支行鼓励员工参与本行系统和行业的服务比拼、技术比武、知识竞赛等，不断提升服务水平与工作能力。对优质服务的员工和在各种业务竞赛中获得优异成绩者给予奖励，并优先获得分行培训和晋升推荐机会等。③

分值： 5分。

分值分布（分）：

（1）以人为本（1）；

（2）注重人才队伍培养（1）；

（3）有优秀员工奖励与晋升通道（1.5）；

（4）职业环境良好（1.5）。

考评方法：调阅员工培训计划、总结，有关激励制度、员工成长规划等资料。

扣分点：（2）（3）。

以往扣分情况如下：

（2）不注重员工培训、人才培养，员工一年也未参加过一次脱产培训；

（3）员工激励制度建设与员工的职业生涯规划缺失，即使建立了相关制度与机制，但落实不力。

温馨提示

　　一个优秀的网点应该做到以人为本，关心、关爱员工，注重员工培训与人才队伍培养，鼓励员工岗位成才。建立有清晰的员工职业发展晋升通道规划，职业环境良好；员工积极向上、风貌极佳，对组织和个人前景充满希望。这是一家网点充满活力与竞争力的核心，是不容易建立，不容易复制，而对提升网点竞争力却十分有效的机制与氛围。

141　遵守劳动法规，不随意延长员工工作时间，确需延长劳动时间的，按规定给予调休或支付加班工资。

标准示范：

支行员工加班管理规定

　　支行遵守劳动法规，原则上不提倡加班延长员工劳动时间，确实需要加班或延长劳动时间的，按本管理规定执行。

　　1. 支行工作日实行朝九晚五，即八小时工作制。加班延长工作时间是指超过正常八小时工作时间长度的时间。这包括加班和加点时间。加班延长工作时间是指经所在部门负责人批准，员工在公休日及法定节假日工作的时间；加点是指超过所在部门负责人批准，员工在工作日正常工时之外延长的时点时间。

　　2. 为保证员工的身体健康，员工每月加班加点累计不得超过36个小时。

　　3. 员工加班加点须由本人提出申请，由员工所在部门负责人审核批准。

　　4. 延长工作时间的计算。员工一星期正常工作日工作时间超过40个小时的，超过部分按加点计算统计。公休日及法定节假日工作的按加班计算统计。

遵守劳动法规，原则上不提倡加班延长员工劳动时间

确需延长劳动时间的，按规定给予调休或支付加班工资

分值：5分。

分值分布（分）：

（1）遵守劳动法规（2），不随意延长员工工作时间（1.5）；

（2）确需延长劳动时间的，按规定给予调休或支付加班工资（1.5）。

考评方法：询问员工，调阅考勤制度、加班记录和监控录像。

扣分点：（2）。

以往扣分情况如下：

（2）延长劳动时间后未按规定给予调休或支付加班工资。

温馨提示

　　网点应遵守劳动法规，不随意延长员工工作时间。确需延长劳动时间的，须按规定支付加班工资，或通过补休方式补偿员工。这一方面体现了按劳分配的原则，另一方面也是对员工合法权益的保护。

---

142 实施员工轮休及带薪休假制度，保护员工休息、休假权利。

标准示范：

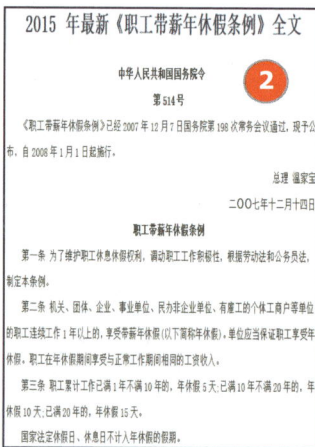

2015 年最新《职工带薪年休假条例》全文

中华人民共和国国务院令
第514号

《职工带薪年休假条例》已经2007年12月7日国务院第198次常务会议通过，现予公布，自2008年1月1日起施行。

总理 温家宝
二〇〇七年十二月十四日

职工带薪年休假条例

第一条 为了维护职工休息休假权利，调动职工工作积极性，根据劳动法和公务员法，制定本条例。

第二条 机关、团体、企业、事业单位、民办非企业单位、有雇工的个体工商户等单位的职工连续工作1年以上的，享受带薪年休假（以下简称年休假）。单位应当保证职工享受年休假，职工在年休假期间享受与正常工作期间相同的工资收入。

第三条 职工累计工作已满1年不满10年的，年休假5天；已满10年不满20年的，年休假10天；已满20年的，年休假15天。

国家法定休假日、休息日不计入年休假的假期。

支行员工请休假管理办法

第一章 总则

第一条 为保障员工请休假的合法权益，规范支行请休假管理，根据国家有关规定，结合支行实际，特制定本办法。

第二条 本办法适用于支行员工，与支行另有约定者除外。

第三条 适用于本办法的员工可享有公休日、法定节假日、年休假、婚假、丧假、产假、生育看护假、节育假、工伤假、事假、病假等假期。

第四条 本支行执行带薪休假制度，实行员工轮休。

第二章 公休日、法定节假日

> 网点实施员工轮休及带薪休假制度

分值：5分。

分值分布（分）：

（1）实施员工轮休及带薪休假制度（3）；

（2）保护员工休息、休假权利（2）。

考评方法：调阅员工休假制度，休假记录等。

扣分点：无。

以往扣分情况如下：

无。此条在历次考评中未扣过分。

> **温馨提示**
>
> 　　员工带薪休假是国家法令规定的，体现了国家的关爱，是国家赋予员工的一项权（福）利，也是各个层级人员的需要。一个网点应执行和实施好员工带薪休假制度及轮休制度，保护员工休息、休假权利，这是网点关爱关心员工的具体体现。重要岗位推行 AB 角，确保员工休息、休假权利。通过休年假一是可以放松心境、减轻工作压力、去除疲劳。二是可以使自己很快恢复活力，以饱满的精神重新投入工作。三是可以通过阅读、旅游等增长知识，丰富经历，见多识广。在营销拜访客户时能找到共同话题，或通过自己的见闻给客户提出好的建议，进一步融洽与客户的关系。若有机会，一些顶级自然景观值得一看。如下图所示。

143　员工桌椅、柜台等工作设施及环境突出人性化，并配置更衣、化妆、休息、就餐、活动、文化展示、情绪缓冲等功能区域。

标准示范：

员工桌子高度合适，摆放位置顺手；椅子可多角度转动。柜台高度有利于行举手礼，柜面宽度有利于内部作业。凸显人性化 ①

更衣、化妆间

休息、情绪缓冲室 ②

就餐与一周食谱

活动空间

文化展示

分值：8 分。

分值分布（分）：

（1）员工桌椅、柜台等工作设施及环境突出人性化（1）；

（2）配置更衣（1）、化妆（1）、休息（1）、就餐（1）、活动（1）、文化展示（1）、情绪缓冲（1）等功能区域。

考评方法：现场观察。

扣分点：（2）。

以往扣分情况如下：

（2）未配置更衣、化妆、休息、就餐、活动、文化展示、情绪缓冲等功能区域，或配置不全。有一样得1分，缺一样扣1分。

> **温馨提示**
>
> 　　网点员工桌子高低、宽窄应合适，椅子坐着要舒适，柜台及工作设施摆放合理。应配置更衣（男女分开）、化妆（男女分开）、休息（男女分开）、就餐、活动、文化展示、情绪缓冲等功能区域。凸显以人为本的管理思想。又如在中后台员工卡座巧妙设计"抽屉床"，打开是齐肩宽的简易折叠床，合上是柜子。让员工中午能小歇一会儿，下午能精神抖擞地工作。如下左图所示。也可将卡座边待客用椅设计为皮长櫈子，待客与午休两用。如下右图所示。

144　定期组织开展文明规范服务、业务技能、消费者权益保护等培训，记录完整。

标准示范：

分值： 6 分。

分值分布（分）：

（1）定期组织开展文明规范服务培训（1.5）；

（2）业务技能培训（1.5）；

（3）消费者权益保护培训（1.5）；

（4）记录完整（1.5）。

考评方法： 调阅相关培训计划、总结等。

扣分点：（1）（3）。

以往扣分情况如下：

（1）一年内未组织开展文明规范服务培训；

（3）一年内未开展消费者权益保护培训。

> **温馨提示**
>
> 网点每年都应有计划地组织员工开展多次文明规范服务培训和业务技能培训，内容包括业务知识、业务技能、新技术、新业务、礼仪、客户识别等，各种培训记录专夹妥善保存。

网点除了有计划地组织员工培训外，还应积极参加中国银行业协会和地方协会组织的业务培训，这样眼界和视野能够更加开阔。如下图所示。

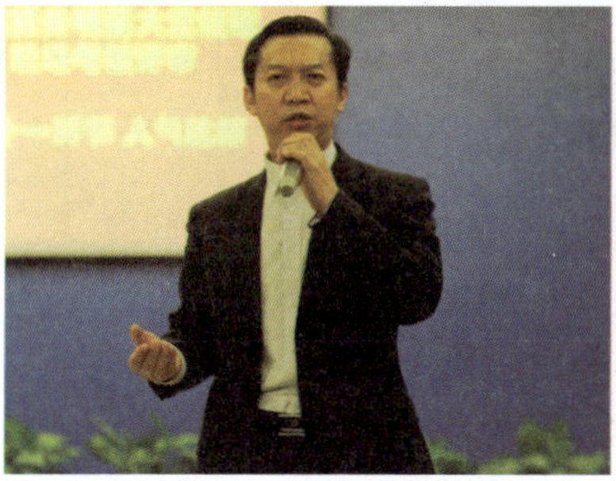

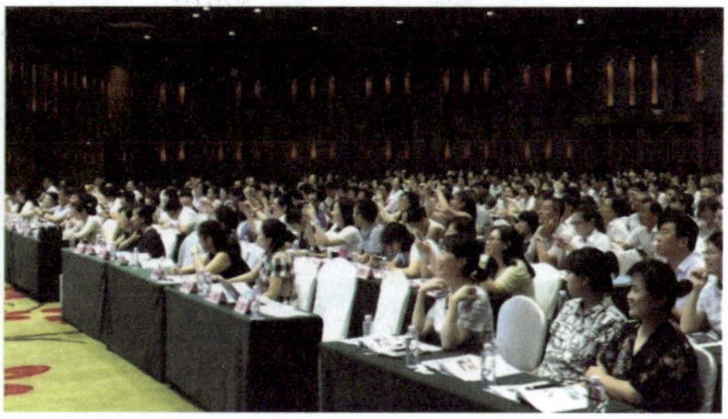

145 注重员工关爱，定期开展情绪管理、减压训练、沟通技巧等辅导，保护员工身心健康；团队氛围积极向上，积极开展团队建设活动，记录完整。

标准示范：

时刻关爱员工。多角度了解员工心声、关心员工健康、关注员工发展

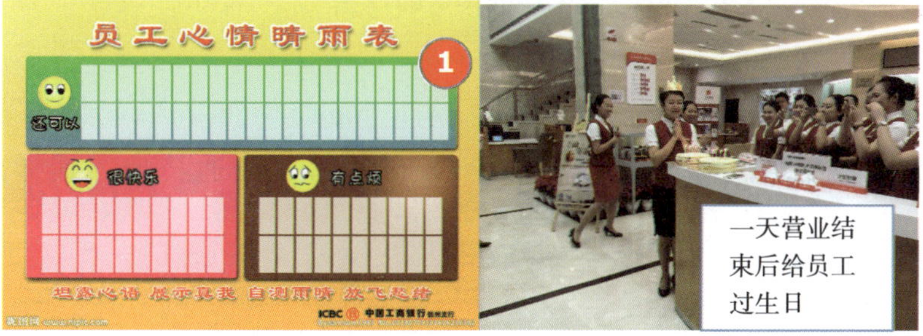
员工心情晴雨表
1
还可以
很快乐
有点烦
一天营业结束后给员工过生日

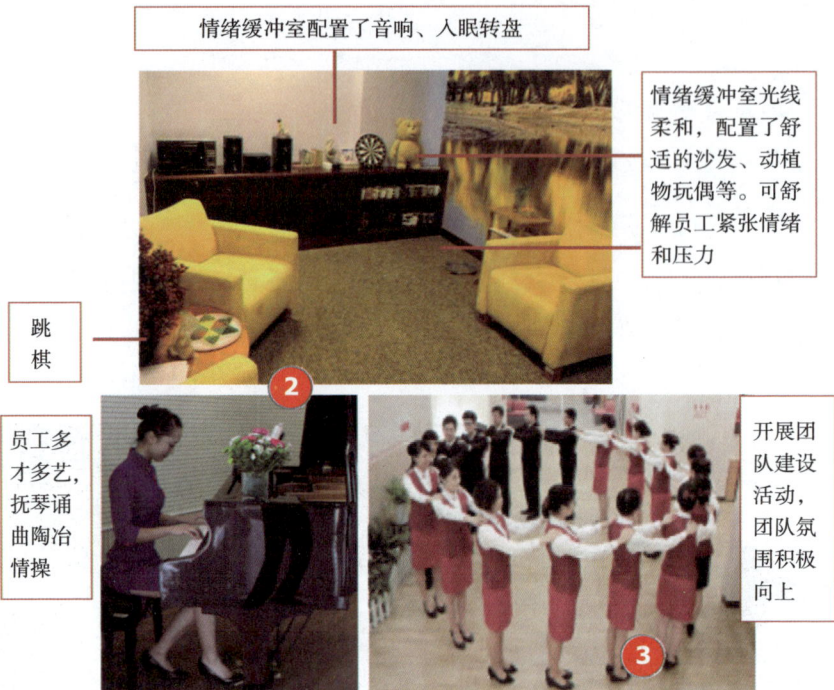

情绪缓冲室配置了音响、入眠转盘

情绪缓冲室光线柔和，配置了舒适的沙发、动植物玩偶等。可舒解员工紧张情绪和压力

跳棋

员工多才多艺，抚琴诵曲陶冶情操

开展团队建设活动，团队氛围积极向上

分值：6分。

分值分布（分）：

（1）注重员工关爱（1）；

（2）定期开展情绪管理（1）、减压训练（1）、沟通技巧（1）等辅导，保护员工身心健康；

（3）团队氛围积极向上（1），积极开展团队建设活动，记录完整（1）。

考评方法：与员工交谈，调阅相关训练计划、活动影像、记录等。

扣分点：（2）。

以往扣分情况如下：

（2）未组织员工开展情绪管理、减压训练、沟通技巧等辅导，无相关训练记录，或记录不全。

温馨提示

网点应根据需要不定期开展员工情绪管理、减压训练、沟通技巧辅导与拓展训练等，保护员工身心健康。此外，网点内部开展或与其他网点联合开展篮球、网球、羽毛球、乒乓球、游泳、拔河等比赛，对加强团队建设、凝聚团队精神十分有效。如下图所示。

另外，缓解员工情绪的方法多种多样，比如有的网点在员工减压室配备"芬芳柜"，分别在各个抽屉里放置玫瑰、郁金香、紫罗兰、佛手柑等不同的香瓶，可调节员工心情。如下图所示。

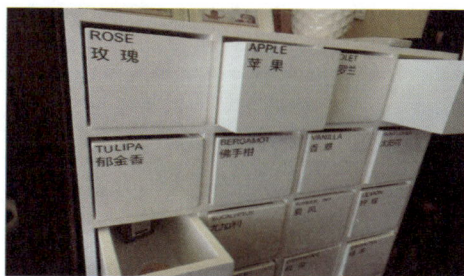

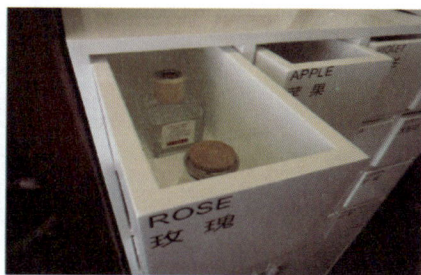

第七章　服务基础管理

本章由服务制度、服务监测、投诉处理、应急处置、服务考核和服务档案管理六个部分组成。解决文明规范服务常态化、制度化与考核激励问题，使服务质量能稳步上升。本章共110分，各部分分值详见下表。

服务基础管理（110分）	
第一节　服务制度	20分
第二节　服务监测	20分
第三节　投诉处理	20分
第四节　应急处置	10分
第五节　服务考核	25分
第六节　服务档案管理	15分

第一节　服务制度

本节主要标准与分值

服务制度（20分）		
146	建立文明规范服务工作制度，包括服务监测、投诉处理、应急处理、服务考核、服务档案管理等内容。	5分
147	明确网点主要负责人和分管负责人服务管理、消费者权益保护职责要求，并明确各岗位相关工作内容及职责范围。	5分
148	网点年度工作计划中明确服务质量和水平提升的具体目标、措施。	5分
149	及时传达、学习、执行行规行约和系统内服务规范，相关记录完整。	5分

146　建立文明规范服务工作制度，包括服务监测、投诉处理、应急处理、服务考核、服务档案管理等内容。

标准示范：

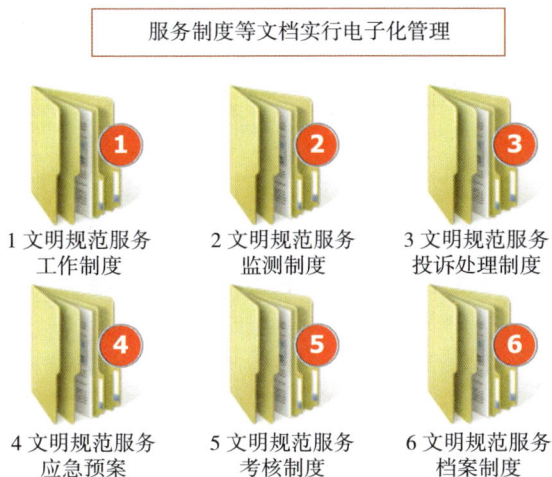

服务制度等文档实行电子化管理

1 文明规范服务
工作制度

2 文明规范服务
监测制度

3 文明规范服务
投诉处理制度

4 文明规范服务
应急预案

5 文明规范服务
考核制度

6 文明规范服务
档案制度

分值：5 分。

分值分布（分）：

（1）建立文明规范服务工作制度（1）；

（2）包括服务监测（0.8）；

（3）投诉处理（0.8）；

（4）应急处理（0.8）；

（5）服务考核（0.8）；

（6）服务档案管理（0.8）等内容。

考评方法：查阅相关制度规定。

扣分点：（6）。

以往扣分情况如下：

（6）未建立服务档案，或服务档案不健全，零散。

> **温馨提示**
>
> 　　文明规范服务制度是文明规范服务工作常态化、制度化和规范化的保障。因此，网点应建立健全文明规范服务各项工作制度，包括服务工作安排推动、服务监测、投诉处理、应急预案、服务考核、服务档案管理等内容，并严格执行。所有制度资料进行电子化归档管理。

147　明确网点主要负责人和分管负责人服务管理、消费者权益保护职责要求，并明确各岗位相关工作内容及职责范围。

标准示范：

①	②	③
1 网点主要负责人服务管理、消保职责	2 网点分管负责人服务管理、消保职责	3 其他各岗位相关工作内容及职责范围

分值：5 分。

分值分布（分）：

（1）明确网点主要负责人服务管理（1）、消费者权益保护职责要求（1）；

（2）明确网点分管负责人服务管理（1）、消费者权益保护职责要求（1）；

（3）明确各岗位相关工作内容及职责范围（1）。

考评方法：查看相关制度、岗位分工、职责范围规定等。

扣分点：（3）。

以往扣分情况如下：

（3）各岗位相关工作内容及职责范围不明确。包括大堂经理、理财经理、客户经理、柜员、安保等岗位服务内容及职责范围模糊，不明确。

温馨提示

　　银行网点应建立以上相关人员服务管理制度，明确主要负责人和分管负责人服务管理职责，并严格执行。同时明确其他各岗位相关工作内容及职责范围，其中包含大堂经理岗位相关工作内容及职责范围、理财经理岗位相关工作内容及职责范围、客户经理岗位相关工作内容及职责范围、柜员岗位相关工作内容及职责范围、安保等岗位相关工作内容及职责范围。这些服务内容及职责范围要清晰，便于理解、执行。

148 网点年度工作计划中明确服务质量和水平提升的具体目标、措施。

标准示范：

1 网点年度工作
计划

2 年度网点服务
质量和水平提升
目标

3 年度网点服务
质量和水平提升
措施

分值：5分。

分值分布（分）：

（1）网点年度工作计划中明确服务质量和水平提升的具体目标（2.5）；

（2）网点年度工作计划中明确服务质量和水平提升的具体措施（2.5）。

考评方法：查看相关制度，查阅网点年度工作计划等。至少查两个年度的工作计划。

扣分点：（2）。

以往扣分情况如下：

（2）服务质量和水平提升的具体措施不明晰，仅有口号式的几句话。

温馨提示

　　要想提高服务质量和服务水平，事先须制定一个具体目标和为实现目标而采取的措施，然后一切行动、一切工作都朝着这个目标推进。稳扎稳打，服务目标才能实现。

149　　及时传达、学习、执行行规行约和系统内服务规范，相关记录完整。

标准示范：

> 晨会、夕会、培训会传达、学习、执行行规行约和服务规范。
> 并适时记录支行晨（夕）登记簿或其他登记簿

分值：5分。

分值分布（分）：

（1）及时传达、学习、执行行规行约（2）和系统内服务规范（2）；

（2）相关记录完整（1）。

考评方法：查看相关制度、学习、培训、会议等记录。

扣分点：（2）。

以往扣分情况如下：

（2）无相关文字、图片及视频资料，或相关记录不完整。

> **温馨提示**
>
> 　　网点应及时传达、学习、执行行业规章制度和所在银行系统的服务规范，每次传达、学习、执行情况都应做好记录，使传达、学习、执行动作痕迹化。

第二节　服务监测

本节主要标准与分值

服务监测（20分）		
150	按照文明规范服务监测制度，按月通过现场巡检、调阅录像等方式自查，按季评价，按年总结，及时整改，记录完整。	10分
151	指定人员每天对各区域进行1次服务巡检，记录完整。	5分
152	网点完整保存上级行对其服务监测记录；及时落实整改上级行监测发现的问题，过程跟踪与落实结果记录完整、效果可鉴。	5分

150 按照文明规范服务监测制度，按月通过现场巡检、调阅录像等方式自查，按季评价，按年总结，及时整改，记录完整。

标准示范：

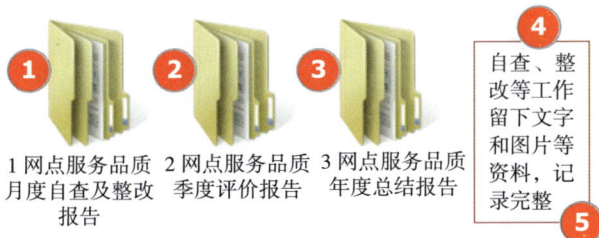

1 网点服务品质月度自查及整改报告　2 网点服务品质季度评价报告　3 网点服务品质年度总结报告　4 自查、整改等工作留下文字和图片等资料，记录完整

分值： 10分。

分值分布（分）：

（1）按照文明规范服务监测制度，按月通过现场巡检、调阅监控录像等方式自查（3）；

（2）按季评价（1）；

（3）按年总结（1）；

（4）及时整改（3）；

（5）记录完整（2）。

考评方法：查看年度工作计划、总结和整改情况等相关资料。

扣分点：（4）（5）。

以往扣分情况如下：

（4）对自查出的问题整改不到位；

（5）自查、按季评价、按年总结、整改等工作记录不完整。

温馨提示

　　按照文明规范服务监测制度，按月自查，按季评价，按年总结，及时整改、记录完整。从各细项分值中可看到"及时整改"分值最高，为3分。说明在推进文明规范服务过程中，发现问题、整改问题是关键。

151　指定人员每天对各区域进行1次服务巡检，记录完整。

标准示范：

大堂服务人员每天对各区域进行服务巡检，并做好记录

分值：5 分。

分值分布（分）：

（1）指定人员每天对各区域进行 1 次服务巡检（2.5）；

（2）记录完整（2.5）。

考评方法：查看相关制度、当年巡检记录等。

扣分点：（2）。

以往扣分情况如下：

（2）每天巡查记录不完整，有缺天或缺项现象。

温馨提示

　　网点人员每天应对各区域进行 1 次服务巡检，巡检中发现的问题要及时加以解决，一时解决不了的，要逐级上报，以求最终解决。巡检情况要记录完整，归档备案。也可通过电子文本记录存档。

152　网点完整保存上级行对其服务监测记录；及时落实整改上级行监测发现的问题，过程跟踪与落实结果记录完整、效果可鉴。

标准示范：

1 上级行的服务　　2 监测发现问题　　3 整改结果评估
　监测记录　　　　　的整改措施　　　　报告

分值：5 分。

分值分布（分）：

（1）网点完整保存上级行对其服务监测记录（1.5）；

（2）及时落实整改上级行监测发现的问题（1.5）；

（3）过程跟踪与落实结果记录完整、效果可鉴（2）。

考评方法：查看相关监测、整改、落实活动等记录。

扣分点：（2）。

以往扣分情况如下：

（2）落实整改上级行监测发现的问题不及时。

> **温馨提示**
>
> 　　对上级行每一次检查监测到的情况，网点都应完整地保存下来；及时落实整改。过程跟踪与落实结果和效果应形成文字材料呈报上级行。争取上级行的支持，在后评估中争取好的结果。

第三节　投诉处理

本节主要标准与分值

投诉处理（20分）		
153	按照客户投诉处理制度，畅通客户反馈意见渠道，明确投诉处理流程及处理时限。	3分
154	开展客户评价，定期进行客户满意度调查，征求客户意见、建议和需求，相关信息记录真实、完整，分析、反馈、报告及时。	3分
155	按年度分析客户意见和投诉反映出的各类问题，整改记录完整。	2分
156	对客户意见簿上的客户意见、建议24小时内响应，并对留有电话信息的客户在规定时间内予以回复、回访。	3分
157	客户意见簿真实完整记录客户意见、建议及回复信息，页码连续、内容完整、格式规范；按年归档保管，一年以内的意见簿可随时调阅。	3分
158	发生客户投诉时按照现场投诉处理流程，及时安抚并引导客户至相对独立的空间，有效处理现场投诉。	3分
159	现场处理有困难的，给客户承诺明确的处理时限，如有需要及时向上级报告，并详细记录相关信息。	3分

153 按照客户投诉处理制度，畅通客户反馈意见渠道，明确投诉处理流程及处理时限。

标准示范：

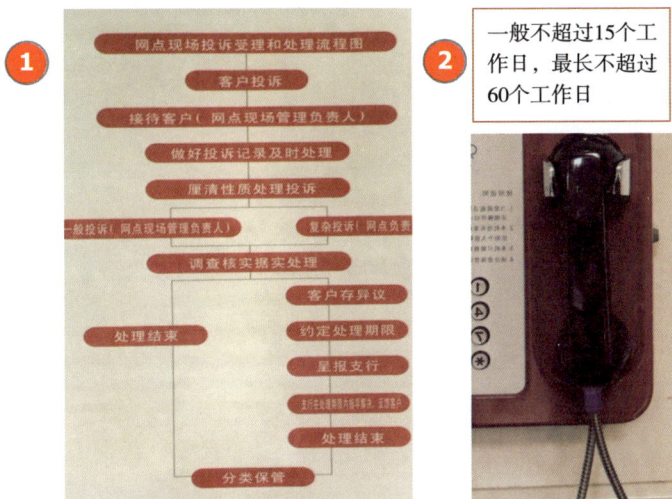

①

网点现场投诉受理和处理流程图
客户投诉
接待客户（网点现场管理负责人）
做好投诉记录及时处理
厘清性质处理投诉
一般投诉（网点现场管理负责人）／复杂投诉（网点负责
调查核实据实处理
客户存异议
约定处理期限
呈报支行
处理结束
分类保管

②

一般不超过15个工作日，最长不超过60个工作日

分值：3 分。

分值分布（分）：

（1）按照客户投诉处理制度（1），畅通客户反馈意见渠道（1）；

（2）明确投诉处理流程及处理时限（1）。

考评方法：查看客服制度、处理记录等。

扣分点：（2）。

以往扣分情况如下：

（2）处理时限相关规定执行得不好。

本条标准重点考察客户投诉渠道是否畅通，投诉处理流程及处理时限是否明确。查看客服制度和1个年度记录，发现1项不规范即扣掉该细项分。

温馨提示

过硬的网点服务不怕监督，网点应按照客户投诉处理制度，使客户投诉渠道保持畅通。在网点显著位置公示投诉处理流程、处理时限、网点投诉联系人，并在显著位置摆放客服直拨电话。按《关于完善银行业金融机构客户投诉处理机制 切实做好金融消费者保护工作的通知》（银监发〔2012〕13号）精神，投诉处理时限原则上不得超过 15 个工作日。情况复杂或有特殊原因的，可以适当延长处理时限，但最长不得超过 60 个工作日，并应当以短信、邮件、信函等方式告知客户延长时限及理由，最终要能解决问题，化解矛盾。

154 开展客户评价，定期进行客户满意度调查，征求客户意见、建议和需求，相关信息记录真实、完整，分析、反馈、报告及时。

标准示范：

1. 李总您好，我们有一份服务问卷调查，您可以帮忙给作答吗？

2. 好的，可以，没问题……

根据客户满意度调查问卷和客服电话及柜面反馈意见，编写出以下两个报告，报相关部门决策参考

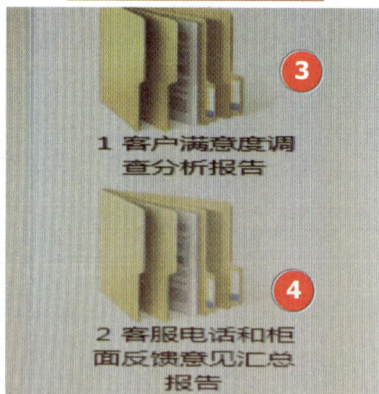

分值：3 分。

分值分布（分）：

（1）开展客户评价，定期进行客户满意度调查（1）；

（2）征求客户意见、建议和需求（1）；

（3）相关信息记录真实、完整（0.5）；

（4）分析、反馈、报告及时（0.5）。

考评方法：查阅客户满意度调查表和分析报告等。

扣分点：（1）。

以往扣分情况如下：

（1）未定期进行客户满意度调查。

温馨提示

　　开展客户评价，定期进行客户满意度调查，这项工作对做好服务和改进服务至关重要。要征求客户意见、建议和需求，做好详细记录。把得到的有用信息分析、反馈、报告给相关部门和上级决策层。以利产品创新和改进服务工作。有的网点还通过"客户回音壁"线上进行问卷调查，如下图所示。

155　按年度分析客户意见和投诉反映出的各类问题，整改记录完整。

标准示范：

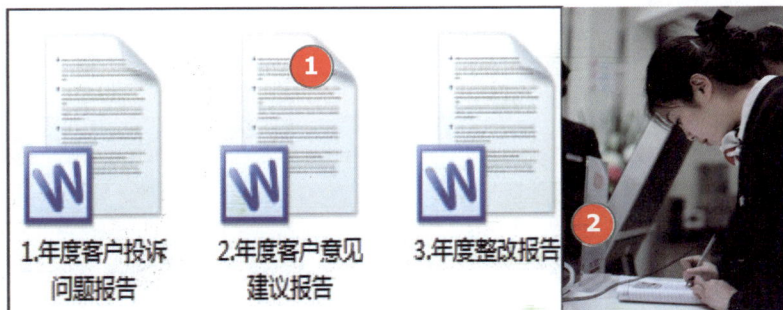

分值：2分。

分值分布（分）：

（1）按年度分析客户意见和投诉反映出的各类问题（1）；

（2）整改记录完整（1）。

考评方法：查阅客户满意度调查表和分析报告等。

扣分点：无。

以往扣分情况如下：

无。此条在历次考评中未扣过分。

温馨提示

　　网点应按年度分析客户意见和投诉反映出的各类问题，可将客户意见梳理成册送产品研发、IT、渠道等部门作为创新依据。针对各类问题要拿出相应的整改措施，限时整改，相关整改信息记录完整。对客户的表扬与肯定也应整理汇总提供给相关考核部门作为考评依据，并长期坚持下去。各类问题可单独成册，也可与整改情况合并成册，还可将意见、问题和整改情况合为一个报告。

---

156 对客户意见簿上的客户意见、建议24小时内响应，并对留有电话信息的客户在规定时间内予以回复、回访。

标准示范：

您好，是赵女士吗？我是银行客户经理，您昨天下午在意见簿上提的建议，我们已经照办了，欢迎您下次来体验我们的服务……

客户落款在1月7日，网点回应在1月7日，24小时内响应

分值：3 分。

分值分布（分）：

（1）对客户意见簿上的客户意见、建议 24 小时内响应（1.5）；

（2）对留有电话信息的客户在规定时间内予以回复、回访（1.5）。

考评方法：查看两年客户意见簿。

扣分点：（1）。

以往扣分情况如下：

（1）客户提的意见、建议在 24 小时内未得到响应。

> **温馨提示**
>
> 　　网点对客户提出的意见、建议，应在 24 小时内响应，并对留有电话信息的客户在规定时间内予以回复、回访，尽量避免投诉升级。对投诉有可能升级的情况，还应进行家访，化解矛盾。

157　客户意见簿真实完整记录客户意见、建议及回复信息，页码连续、内容完整、格式规范；按年归档保管，一年以内的意见簿可随时调阅。

标准示范：

| 按年归档 | 页码连续，如第20页、第21页…… |

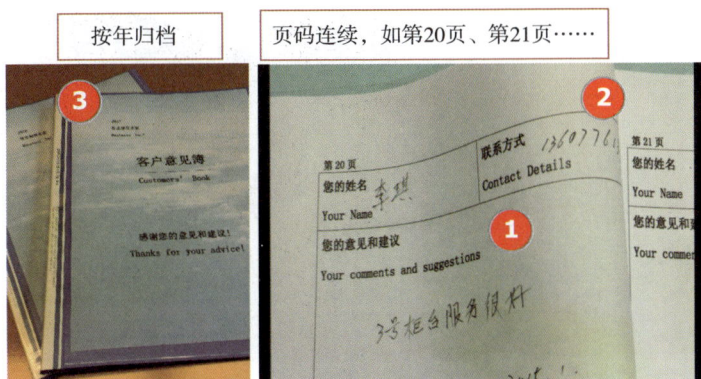

分值：3 分。

分值分布（分）：

（1）客户意见簿真实完整记录客户意见、建议及回复信息（1）；

（2）页码连续、内容完整、格式规范（1）；

（3）按年归档保管，一年以内的意见簿可随时调阅（1）。

考评方法：查阅两年客户意见簿。

扣分点：（2）。

以往扣分情况如下：

（2）页码不连续，有缺页现象。

温馨提示

　　客户意见簿应真实完整记录客户投诉及回复信息，页码连续、内容完整。千万别将有客户抱怨意见的页面撕掉，使页码不连续，或把意见擦掉，这可能将丢掉本条全部分值。

---

158 发生客户投诉时按照现场投诉处理流程，及时安抚并引导客户至相对独立的空间，有效处理现场投诉。

标准示范：

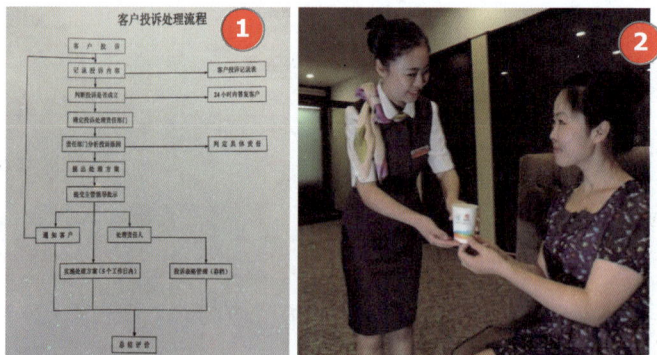

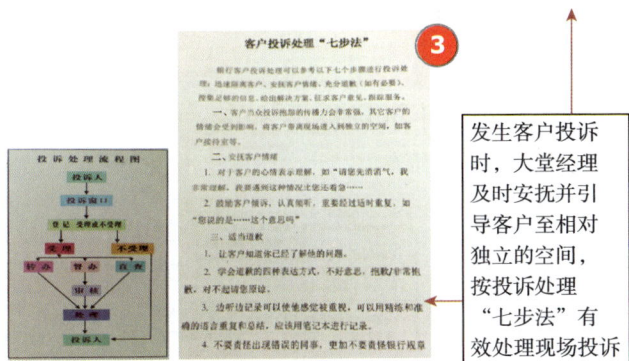

发生客户投诉时，大堂经理及时安抚并引导客户至相对独立的空间，按投诉处理"七步法"有效处理现场投诉

分值：3分。

分值分布（分）：

（1）发生客户投诉时按照现场投诉处理流程（1）；

（2）及时安抚并引导客户至相对独立的空间（1）；

（3）有效处理现场投诉（1）。

考评方法：询问大堂服务人员，调阅制度、流程、记录和监控录像等。

扣分点：（2）。

以往扣分情况如下：

（2）未及时安抚并引导客户至相对独立的空间，仍让客户在大厅申诉，影响大厅秩序。

温馨提示

网点发生客户投诉时，大堂服务人员应及时安抚并引导客户至相对独立的空间，耐心倾听客户诉说，与客户一起寻找共识，缩小问题点，联动同事解决问题，化解矛盾。独立空间的设置有五点原则要求：一是远离营业大厅，至少营业大厅听不到调解室的谈话声音；二是调解室要尽量布置温馨，但不可摆放带刺的植物花卉；三是不可放置随手拿动的硬物或剪刀之类物品；四是提供纸杯饮用冷饮；五是家具简洁，有一套软质沙发与圆角茶几即可。

159 现场处理有困难的，给客户承诺明确的处理时限，如有需要及时向上级报告，并详细记录相关信息。

标准示范：

支行2018年现场投诉登记表

日期	投诉事件	处理投诉人员	处理时间	处理结果	回访	是否向上级行报告	备注
1月8日	ATM卡钱	安宁	1月8日	钱已取出	已回访	否	
1月10日	ATM吞卡	肖丽丽	1月11日	卡已取出	已回访	否	承诺第二天取
1月16日	开银行卡未成	马武	1月16日	客户经安抚已离开	已回访	是	非本人身份证
2月5日	异地汇款手续费	刘占奎	2月3日	经耐心解释表示理解	已回访	是	

现场处理有困难的，给客户承诺第二天处理

分值： 3分。

分值分布（分）：

（1）现场处理有困难的，给客户承诺明确的处理时限（1）；

（2）如有需要及时向上级报告（1）；

（3）详细记录相关信息（1）。

考评方法： 询问大堂服务人员，调阅相关资料和监控录像。

扣分点：（1）。

以往扣分情况如下：

（1）现场处理有困难的，未给客户承诺明确的处理时限，以致客户连续投诉。

温馨提示

网点发生投诉，若现场处理有困难的，可以给客户承诺明确的处理时限；若问题较难解决，则应及时向上级报告，寻求上级行支持，共同解决问题。

第四节 应急处置

本节主要标准与分值

应急处置（10分）		
160	按照网点服务突发事件应急预案，保障信息报告渠道通畅高效。	2分
161	定期开展应急演练，有相关文字、图片或影像记录。	3分
162	如遇突发事件，按照相应应急预案及时进行处置，记录完整。	2分
163	员工熟知在突发事件应急预案中的角色定位和处理流程。	3分

160 按照网点服务突发事件应急预案，保障信息报告渠道通畅高效。

标准示范：

❶ 网点准备了6种服务突发事件应急预案。信息报告机制通畅 ❷

1 支行地震应急处置预案
2 支行反恐应急处置预案
3 支行防挤兑事件应急处置预案
4 支行防抢劫应急处置预案
5 支行防火灾应急处置预案
6 支行网络安全应急处置预案

分值：2分。

分值分布（分）：

（1）按照网点服务突发事件应急预案（1）；

（2）保障信息报告渠道通畅高效（1）。

考评方法：调阅年度应急处理预案、相关记录等。

扣分点：(1)。

以往扣分情况如下：

(1) 没有制订营业网点主要服务突发事件应急预案。

> **温馨提示**
>
> 　　网点应做好上述标准示范中的6个应急预案，此外，还可做防盗窃应急预案、客户突发疾病应急预案、自助银行突发事件应急预案等。处理突发事件必须遵循的原则是：快速有效、及时报告、积极稳妥、保护客户和员工生命财产安全，系统内上下联动，系统外横向联动，保守银行和客户秘密。

161　定期开展应急演练，有相关文字、图片或影像记录。

标准示范：

防暴演练

分值：3分。

分值分布（分）：

(1) 定期开展应急演练（1.5）；

(2) 有相关文字、图片或影像记录（1.5）。

考评方法：调阅年度应急处理预案、计划、制度、记录和监控录像，询问网点员工等。

扣分点：(1)。

以往扣分情况如下：

（1）一年内网点未开展过应急演练，员工也未参加过任何形式的应急演练。

> **温馨提示**
>
> 网点应针对多发、常发事件定期开展应急演练，并做好相关文字、图片或影像记录。一旦真正发生突发事件才能临危不乱，应对自如。

162 如遇突发事件，按照相应应急预案及时进行处置，记录完整。

标准示范：

及时处置突发事件，并登记记录在案……

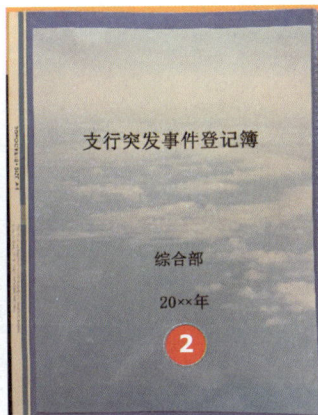

支行突发事件登记簿

综合部

20××年

分值： 2分。

分值分布（分）：

（1）如遇突发事件，按照相应应急预案及时进行处置（1.5）；

（2）记录完整（0.5）。

考评方法： 调阅年度应急处理预案、计划、制度、记录和监控录像等。

扣分点： （1）。

以往扣分情况如下：

（1）遇到突发事件，网点人员慌张、忙乱，处置不当。

> **温馨提示**
>
> 　　网点如遇突发事件，应按照已准备的应急预案及时处理，同时做好记录，将文字材料和影像资料形成报告呈报上级行。报告内容主要包括：事件发生的地点、时间、原因、性质、涉及金额及人数，以及事件造成的主要危害、客户反映、事态发展趋势和采取的应对措施等。

163 员工熟知在突发事件应急预案中的角色定位和处理流程。

标准示范：

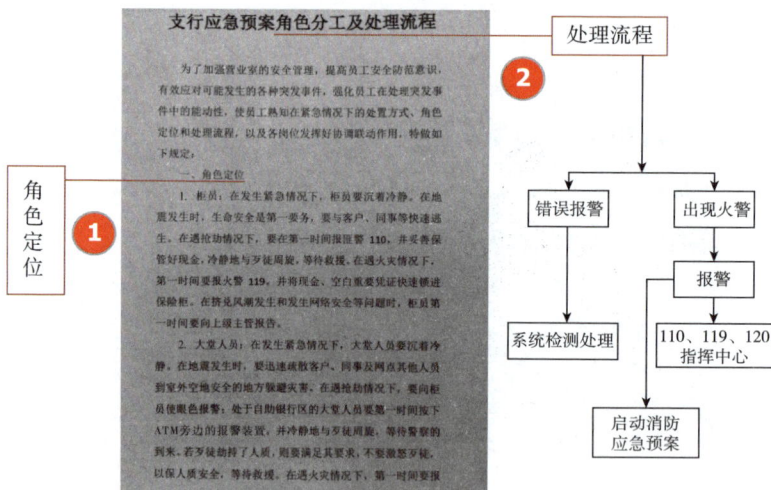

分值：3 分。

分值分布（分）：

（1）员工熟知在突发事件应急预案中的角色定位（1.5）；

（2）员工熟知在突发事件应急预案中的处理流程（1.5）。

考评方法：询问员工，调阅年度应急处理预案、相关资料等。

扣分点：（2）。

以往扣分情况如下：

（2）员工不清楚突发事件应急预案处理流程。

> **温馨提示**
>
> 　　网点应组织员工学习在突发事件应急预案中各个岗位员工的角色定位和处理流程，员工应熟知在突发事件应急预案中自己的角色定位和处理流程，一旦真正发生突发事件自己才能沉着应对。如下图所示。

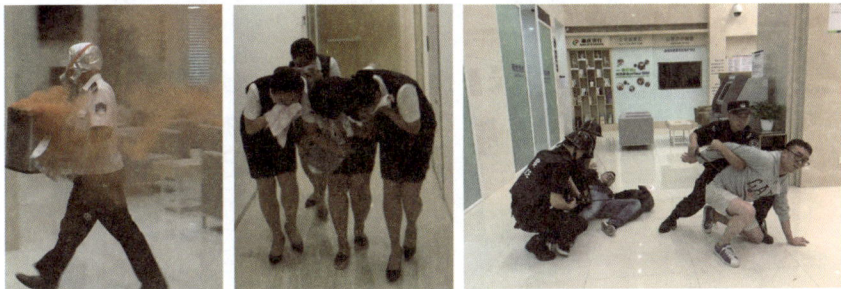

第五节　服务考核

本节主要标准与分值

服务考核（25分）		
164	创建百佳、千佳示范单位及星级网点等文明规范服务工作，以及消费者权益保护工作纳入系统综合经营绩效考核评价体系，配以合理考核权重及激励机制，且本网点在系统内服务考评位居前列。	15分
165	定期组织开展服务评比、表彰、总结，有相关文字、图片或影像记录。	5分
166	网点年度综合考核办法中明确服务管理考核指标和权重，并实现目标。	5分

164　　创建百佳、千佳示范单位及星级网点等文明规范服务工作，以及消费者权益保护工作纳入系统综合经营绩效考核评价体系，配以合理考核权重及激励机制，且本网点在系统内服务考评位居前列。

标准示范：

吹响进军全国银行业文明规范服务示范单位的号角

支行全体员工：

根据省分行转发省行的《综合绩效考核管理办法》相关文件精神，为全面提升全行系统服务水平和质量，树立良好的社会名牌和行业品牌，促进各项业务的蓬勃……总行已将创建全国银行业文明规范服务百佳、千佳示范单位和星级网点纳入了综合绩效考评范围。在此，支行号召全体员工攻干拼搏，争当先进，勇创全国银行业文明规范服务星级银行网点，最终向千佳、百佳发起冲击。为此，特提出以下要求：

关于印发《关于加强消费者权益保护工作实施意见》的通知

各一级分行、直属分行：

为贯彻落实中国银监会、中国银行业协会关于加强消费者权益保护工作的有关精神，切实加强消费者权益保护工作，在全社会树立起我行良好的服务口碑，围绕良好的金融消费生态环境，总行特印发《关于加强消费者权益保护工作实施意见》，并将消费者权益保护工作纳入全行《综合绩效考核管理办法》考核内容，希各行认真组织贯彻实施。

执行过程中如有问题，请及时与总行消保办联系。

联系人：肖宝功，电话010-68686688

关于市分行营业网点创建中国银行业文明规范服务示范单位激励办法

为进一步推进市分行营业网点创建中国银行业文明规范服务示范单位工作顺利开展，充分激励和调动营业网点员工积极性，完成创建工作计划目标，经市分行研究决定，拟对创建工作加大激励力度，结合市分行服务考评办法，特制定创建激励机制。

对于创建"百佳"工作中表现优异做出突出贡献的优秀员工，将在该员工季度绩效目标考核中加5分；对于创建"千佳"工作中表现优异做出突出贡献的员工，将在该员工季度绩效目标考核中加3分；对于创建星级网点工作中表现优异的员工，将在该员工季度绩效目标考核中加2分。并推荐参与先进个人评比。

支行近两年服务品质排名表

时间	支行列市辖名次	备注
2016年第二季度	1	
2016年第三季度	1	
2016年第四季度	2	
2017年第一季度	3	
2017年第二季度	2	
2017年第三季度	1	
2017年第四季度	1	

近两年网点在系统内服务考评位居前列

分值： 15 分。

分值分布（分）：

（1）创建百佳（3）、千佳（3）示范单位及星级网点（2）等文明规范服务工作纳入系统综合经营绩效考核评价体系；

（2）消费者权益保护工作纳入系统综合经营绩效考核评价体系（3）；

（3）配以合理考核权重及激励机制（2）；

（4）本网点在系统内服务考评位居前列（2）。

考评方法： 查看相关绩效考核制度、记录和上级行相关文件等。

扣分点：（1）（2）。

以往扣分情况如下：

（1）创建百佳、千佳示范单位及星级网点等文明规范服务工作未纳入系统综合经营绩效考核评价体系；

（2）消费者权益保护工作未纳入系统综合经营绩效考核评价体系，或网点不重视消费者权益保护工作。

温馨提示

百佳、千佳示范单位创建评选及星级网点评定等文明规范服务工作一定要纳入系统综合经营绩效考核评价体系，并建立相应的激励机制。这是创建工作和全面提升服务水平的核心，或叫"发动机"。网点开展此项工作的积极性与热情全系于此，这也是关系到网点是否能持续改进服务和持续提升竞争力的关键因素。因此，此条占据了15分的高分值。网点建立健全了激励机制还不够，关键是要能公平、公正地贯彻执行到位，激发员工的潜能，调动员工的工作主动性与积极性，开心、安心地工作，充分发挥员工工作的主观能动性。这些方面是否做到了，从员工的精神面貌能体现出来，从员工的眼神中能看得出来。

165 定期组织开展服务评比、表彰、总结，有相关文字、图片或影像记录。

标准示范：

分值：5分。

分值分布（分）：

（1）定期组织开展服务评比（1）、表彰（1）、总结（1）；

（2）有相关文字（1）、图片或影像记录（1）。

考评方法：查看相关评比、表彰、总结资料。

扣分点：（1）。

以往扣分情况如下：

（1）一年内未组织开展服务评比、表彰、总结。

> **温馨提示**
>
> 　　网点应定期组织开展服务评比、表彰、总结，做好相关文字、图片或影像记录。还应积极参与所在银行系统的各种技能比武、知识竞赛等，锻炼队伍，增强服务技能。

166 网点年度综合考核办法中明确服务管理考核指标和权重，并实现目标。

标准示范：

支行员工综合评价权重表

指标	零售综合柜员	大堂经理	客户经理	理财经理	贵宾经理	营业部经理	零售部经理	授权主管
任务完成率	20%	20%	30%	20%	35%	65%	40%	20%
个人客户管理	20%	30%	20%	25%	25%			
产品销售	—	10%	40%	10%	10%		30%	
传帮带	—	—	—	5%	5%			
①	30%	30%		25%	10%	20%	20%	30%
会计评价	20%			5%	5%			40%
综合评价	10%	10%	10%	10%	10%	10%	10%	10%

年终考评全部实现预定目标 **②**

明确服务管理考核指标和权重

分值：5分。

分值分布（分）：

（1）网点年度综合考核办法中明确服务管理考核指标和权重（2.5）；

（2）实现目标（2.5）。

考评方法：查阅年度综合考核办法等。

扣分点：（2）。

以往扣分情况如下：

（2）有服务管理考核指标，但未实现目标。

> **温馨提示**
>
> 　　网点年度综合考核办法中应明确服务管理考核指标和所占权重。从正面积极引导，传递正能量。并引导员工努力实现目标。目标和权重一旦确定并施行，就要兑现结果，维护其严肃性。不宜在当年报告期执行中随意更改，即便修改也应在一个整年度报告期过后下一个年度开始前进行修改调整。

第六节　服务档案管理

本节主要标准与分值

服务档案管理（15分）		
167	监控设备影像资料和产品销售录音录像资料保存完整，声像清晰，监管机构规定的保存期内可随时精准检索和调阅；其中，产品销售录像中可明确辨别银行员工和客户面部特征，录音可明确辨识员工和客户语言表述。	8分
168	加强对产品销售录音录像录制和保存的管控，严格防控录音录像信息泄露风险，确保录音录像的录制和保存不受人为干预或操纵。	5分
169	服务档案材料提倡电子化管理，规范分类、保存，内容完整，能随时调阅。	2分

167 监控设备影像资料和产品销售录音录像资料保存完整，声像清晰，监管机构规定的保存期内可随时精准检索和调阅；其中，产品销售录像中可明确辨别银行员工和客户面部特征，录音可明确辨识员工和客户语言表述。

标准示范：

分值：8分。

分值分布（分）：

（1）监控设备影像资料和产品销售录音录像资料保存完整（2）；

（2）声像清晰（1.5）；

（3）监管机构规定的保存期内可随时精准检索和调阅（1.5）；

（4）产品销售录像中可明确辨别银行员工和客户面部特征（1.5）；

（5）录音可明确辨识员工和客户语言表述（1.5）。

考评方法：现场检查，查阅相关影像资料。

扣分点：（4）（5）。

以往扣分情况如下：

（4）产品销售录像中银行员工和客户面部特征模糊；

（5）录音听不清客户与员工的对话。

> **温馨提示**
>
> 　　网点监控设备影像资料应保存完整，声音和图像清晰，保存期内随时可调阅、查看。这些既是服务改进的借鉴资料，又构成网点的服务文化，同时还满足了监管要求。

168 　加强对产品销售录音录像录制和保存的管控，严格防控录音录像信息泄露风险，确保录音录像的录制和保存不受人为干预或操纵。

标准示范：

① 市分行理财及代销产品录音录像系统实施细则

　　第十六条　产品销售过程录音录像完成后，系统自动生成录音录像凭证，理财经理打印后经客户签字确认，一式两份。录音录像凭证随产品销售档案一并保存。

　　第十七条　加强对产品销售录音录像的管控，确保录音录像的录制和保存不受人为干预或操纵。调阅录音录像须严格执行审批程序。

②

产品销售录音录像录制由理财区理财经理独立完成，未受干预

③

录音录像资料

分值： 5分。

分值分布（分）：

（1）加强对产品销售录音录像录制和保存的管控（2）；

（2）严格防控录音录像信息泄露风险（1.5）；

（3）确保录音录像的录制和保存不受人为干预或操纵（1.5）。

考评方法： 现场检查，查阅相关影像资料。

扣分点： 无。

以往扣分情况如下：

无。此条在历次考评中未扣过分。

> **温馨提示**
>
> 　　网点应将录音录像资料至少保留到产品终止日起6个月后或合同关系解除日起6个月后，发生纠纷的要保留到纠纷最终解决后。银行业金融机构代销其他非银行业金融机构的产品时，国务院金融监督管理机构对录音录像资料保存期限另有规定的，从其规定。对存储的录音录像资料应进行严格管理，不可人为更改、涂抹或删除。对录音录像资料数据进行备份，并妥善保管备份数据。

169　服务档案材料提倡电子化管理，规范分类、保存，内容完整，能随时调阅。

标准示范：

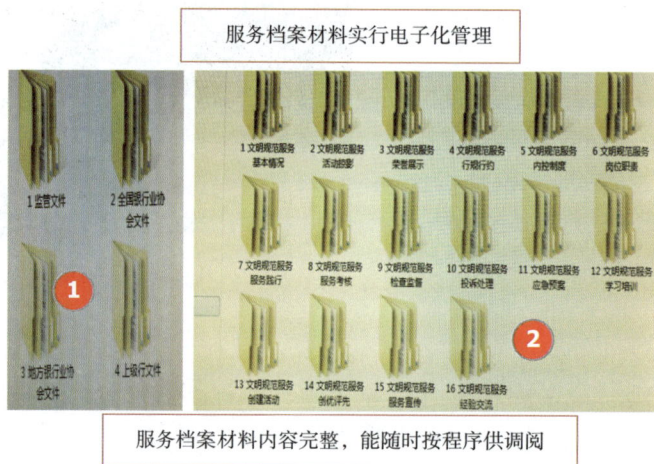

服务档案材料实行电子化管理

服务档案材料内容完整，能随时按程序供调阅

分值：2分。

分值分布（分）：

（1）服务档案材料提倡电子化管理，规范分类、保存（1）；

（2）内容完整，能随时调阅（1）。

考评方法：现场检查。

扣分点：（1）。

以往扣分情况如下：

（1）服务档案材料未规范分类，没有条理，不方便查找。

温馨提示

随着时间的延续，服务档案资料会越来越多，因此，为了便于累积保存，档案资料可电子化管理。服务档案材料应进行分类规范管理，统一保存，能随时调阅。

文明规范服务档案应包括中国银行业协会、地方银行业协会、系统内上级行的文明规范服务相关规范以及两年内本单位服务工作材料。其中两年内本单位服务工作材料主要包括基本情况、活动掠影、荣誉展示、行规行约、内控制度、岗位职责、服务践行、服务考核、检查监督、投诉处理、应急预案、学习培训、创建活动、创优评先、服务宣传、经验交流等。档案规范分类的另一方法是按 200 条所涉及的内容顺序进行归类整理。如第 5 条所涉及制度、第 12 条所涉及制度、第 22 条所涉及制度。共约有 50 条涉及制度、办法、规定。将其一一梳理归类整理即可。这在"附件 1"中进行了列举。

未实行电子化管理的单位，档案应分门别类，规范装订。如下图所示。

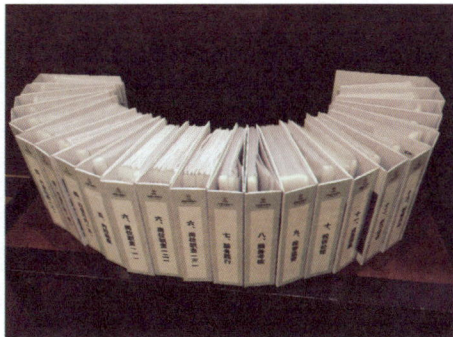

本章由 5 条具体标准组成，引导网点把文明规范服务与价值创造紧密结合起来，表明效益是服务的结果。本章共 80 分，分值分布详见下表。

经营业绩（80 分）		
170	连续两年网点业务规模（对公及对私存款日均余额、对公及对私客户数量）、重要产品营销能力（至少两种），在上一级管辖行系统内排名前列。	15 分
171	连续两年完成上级行下达的存款（对公、对私）、贷款（对公、对私）、中间业务收入、营业收入、净利润等主要业务经营指标。	35 分
172	连续两年电子银行总体业务分流率达到80%以上。	10 分
173	连续两年年人均综合经营税后利润达到 50 万元以上。	10 分
174	连续两年年度不良贷款率及不良贷款余额控制在上级行要求的指标内。	10 分

170

连续两年网点业务规模（对公及对私存款日均余额、对公及对私客户数量）、重要产品营销能力（至少两种），在上一级管辖行系统内排名前列。

标准示范：

支行2016—2017年
经营业绩　（公章）

连续两年网点业务规模排名前列 ❶

项　　目		2016	排名	2017	排名
业务规模（亿元）	对公存款日均	7.51	3	10.76	2
	对公存款余额	7.95	4	11.38	3
	储蓄存款日均	5.61	5	8.11	4
	储蓄存款余额	6.16	6	7.98	6
客户数量（户）		3300	6	4812	5
销售收入（万元）	基金	10.26	5	26	5
	贵金属	1.58	4	3.18	3
	保险	0.33	3	1.05	2
	理财产品	70.60	5	128.89	3
VIP 客户保有率（%）		101	5	101	3

❷ 4 种重要产品营销能力排名前列

分值：15 分。

分值分布（分）：

（1）连续两年网点业务规模（对公及对私存款日均余额、对公及对私客户数量）在上一级管辖行系统内排名前列；（4 个指标各 2.5 分，共 10 分）

（2）重要产品营销能力（至少两种）（5）在上一级管辖行系统内排名前列。

考评方法：查阅两个年度的损益表及相关业务报表。

扣分点：（2）。

以往扣分情况如下：

（2）重要产品营销能力（如理财产品、贵金属等）在上一级管辖行系统内排名下降。

温馨提示

网点若是申报"百佳""千佳"，则连续两年业务规模（对公及对私存款日均余额、对公及对私客户数量）、重要产品营销能力（基金、贵金属、保险、理财产品的销售收入、VIP 客户保有率及增长率）（至少两种）在上一级分行系统内一定要排名前列。

---

171 连续两年完成上级行下达的存款（对公、对私）、贷款（对公、对私）、中间业务收入、营业收入、净利润等主要业务经营指标。

标准示范：

支行2016—2017年经营指标

年　月　日（公章）

1 连续两年完成上级行下达的年度存款业务经营指标

2 连续两年完成上级行下达的年度资产业务经营指标

3 连续两年完成中间业务收入、业务收入经营指标

4 连续两年完成利润指标

时间		2016			2017		
项目		任务数	完成数	完成率（%）	任务数	完成数	完成率
存款（亿）	对公存款余额	179.04	201.01	112.27	181.29	210.21	115.95
	储蓄存款余额	45.45	50.10	110.23	60.10	70.88	117.94
贷款（亿）	对公贷款余额	155.89	185.65	119.09	162.03	190.11	117.33
	对私贷款余额	22.64	30.23	133.52	41.16	50.02	121.53
中间业务收入（亿）		1.60	2.30	143.75	2.21	2.70	122.17
业务收入（亿）		13.83	16.51	119.38	15.18	18.05	118.90
利润（亿）		5.13	6.10	118.91	5.79	6.80	117.44

分值：35分。

分值分布（分）：

（1）连续两年完成上级行下达的存款（对公、对私）业务经营指标（10）；

（2）连续两年完成贷款（对公、对私）业务经营指标（10）；

（3）连续两年完成中间业务收入业务经营指标（5）；

（4）连续两年完成营业收入业务经营指标（5）；

（5）连续两年完成净利润业务经营指标（5）。

考评方法：查阅两个年度的损益表及相关业务报表。

扣分点：（3）。

以往扣分情况如下：

（3）未连续两年完成中间业务收入业务经营指标。

> **温馨提示**
>
> 　　本条标准在CBSS1000中的分值最高，达到35分，可见其在整个考评体系中的重要程度。因此，网点不应在此条丢分，一定要争取连续两年完成上级行下达的年度存款（对公、对私）、贷款（对公、对私）、中间业务收入、营业收入、净利润等主要业务经营指标。这也是网点立足的基础。

172 连续两年电子银行总体业务分流率达到80%以上。

标准示范：

支行2016—2017年
业务分流率指标

年　月　日（公章）

时间	2016			2017		
项目与机构	网银笔数	柜台笔数	替代率	网银笔数	柜台笔数	替代率
支行	600860	60516	90.85%	861860	85625	90.96%
其他网点	——	——	——	——	——	——
	——	——	——	——	——	——
	——	——	——	——	——	——
	——	——	——	——	——	——

① 连续两年电子银行总体业务分流率超越80%，达到90%以上，分别为90.85%和90.96%

分值：10 分。

分值分布（分）：

(1) 连续两年电子银行总体业务分流率达到80%以上（10）。

考评方法：调阅电子银行报表。

扣分点：无。

以往扣分情况如下：

无。此条在历次考评中未扣过分。

温馨提示

　　网点应持续不断加大电子化改造力度，优化服务渠道，提高服务效率，进而提升客户满意度和忠诚度。对大型国有商业银行、股份制商业银行和一线城市的城市商业银行来说，80%的电子银行分流率并不高。有的股份制商业银行已达94%。网点的电子化、智能化水平是决定其业务科技含量的指标，业务科技含量越高，意味着每一笔业务的成本越低。反之，每一笔业务的成本越高。

173 连续两年年人均综合经营税后利润达到50万元以上。

标准示范：

支行2016—2017年
人均利润表

年　月　日（公章）

时间\\项目	2016			2017		
	利润额（万元）	员工数（人）	人均利润（万元）	利润额（万元）	员工数（人）	人均利润（万元）
支行	61000	98	622.45	68000	98	693.87
其他网点	——	——	——	——	——	——
	——	——	——	——	——	——

① 连续两年年人均利润超过50万元，达600万元以上

分值：10 分。

分值分布（分）：

(1) 连续两年年人均综合经营税后利润达到50万元以上（10）。

考评方法：查阅两个年度的财务报表。

扣分点：（1）。

以往扣分情况如下：

（1）连续两年年人均综合经营税后利润未达到50万元以上。

> **温馨提示**
>
> 网点连续两年年人均综合经营税后利润应稳定在50万元以上，网点才算走上了正轨。反之，若年人均综合经营税后利润连50万元都达不到，这样的网点其绩效可能才刚刚起步。

174 连续两年年度不良贷款率及不良贷款余额控制在上级行要求的指标内。

标准示范：

支行近年不良贷款率
及不良贷款情况表

年　月　日（公章）

项目　时间	贷款余额（亿元）	不良贷款余额（亿元）	不良贷款率（%）	备注
2016	178.53	0.35	0.196	
2017	203.19	0.345	0.169	
2018		①	②	
2019				

连续两年年度不良贷款率及不良贷款余额控制在上级行要求的指标内，并实现了"双降"

分值：10分。

分值分布（分）：

（1）连续两年年度不良贷款率控制在上级行要求的指标内（5）；

（2）连续两年年度不良贷款余额控制在上级行要求的指标内（5）。

考评方法：查阅两个年度的资产负债表等。

扣分点：（2）。

以往扣分情况如下：

（2）连续两年年度不良贷款余额未控制在上级行要求的指标内。

温馨提示

　　网点应注意风险防控，严把质量关，想办法将不良贷款率及不良贷款余额控制在上级行要求的指标内。否则，盈利再多也都不够填窟窿的。

第九章 消费者权益保护与社会责任履行

本章由公平对待消费者、消费者权益保护、公众教育和社会责任履行四个部分组成，主要引导网点履行社会责任，保护包括残障人士在内的所有消费者合法权益。解决网点可持续发展问题。本章共90分，各部分分值详见下表。

消费者权益保护与社会责任履行（90分）	
第一节 公平对待消费者	30 分
第二节 消费者权益保护	25 分
第三节 公众教育	15 分
第四节 社会责任履行	20 分

第一节 公平对待消费者

本节主要标准与分值

公平对待消费者（30分）		
175	强化员工公平对待消费者意识，履行消费者权益保护要求，提升员工相关知识掌握运用能力，主动为消费者提供咨询指导、业务办理、技术支持等服务。	5 分
176	认真履行合同义务，在关系到客户重大权益的问题上，积极通过事先与客户约定的各类信息提示渠道和方式，主动告知相关信息。	5 分
177	在办理个人贷款、信用卡等业务时，保证各项条件公正透明，严格履行告知义务并尊重客户自愿选择；最大限度地公开工作流程，公平对待消费者；严禁虚假承诺、捆绑销售等违法违规行为。	6 分

续表

178	充分考虑残障人士、老年人等各类特殊群体客户需求和特点，设计相适应的服务流程，增强专业服务技能，提高应急处理能力，尽可能提供便捷的人性化服务，确保特殊群体客户享受与其他客户平等权利。	3分
179	提供文字交流、电子显示屏叫号或相当功能服务，通过网上银行或其他自助渠道提供账户查询及转账、银行卡临时挂失和信用卡激活等涉及隐私的服务项目，保证听力障碍客户交流畅通、正常办理业务。	3分
180	设置至少一种便于视力障碍客户办理业务的服务设施；已使用新媒体设备整合密码输入功能的营业网点，至少配备一台有定位点的传统按键式密码输入器。	3分
181	明示导盲犬可入标识，协助视力障碍客户携带经过登记、认证、有可识别标识且处于工作状态的导盲犬出入网点办理业务；网点工作人员妥善做好接待工作，保障网点正常秩序和其他客户安全。	2分
182	按照制度规定和流程要求，为不能亲临柜台且有急需的特殊客户群体提供延伸服务。	3分

175 强化员工公平对待消费者意识，履行消费者权益保护要求，提升员工相关知识掌握运用能力，主动为消费者提供咨询指导、业务办理、技术支持等服务。

标准示范：

学习公平对待消费者自律公约，强化员工消费者保护意识

分值： 5分。

分值分布（分）：

（1）强化员工公平对待消费者意识（1）；

（2）履行消费者权益保护要求（1）；

（3）提升员工相关知识掌握运用能力（1）；

（4）主动为消费者提供咨询指导、业务办理、技术支持等服务（2）。

考评方法：查阅消保相关制度、规定、活动影像资料、客户意见簿、客户满意度调查资料等，酌情评分。

扣分点：（1）（3）。

以往扣分情况如下：

（1）员工公平对待消费者意识淡薄；

（3）员工相关知识掌握运用能力不强。

温馨提示

　　公平对待消费者应从源头做起。如在产品设计、研发时就应为消费者把产品的安全性能、风险化解、私密保护、使用便捷、合理定价等因素考虑进去。售前主动为消费者提供咨询指导、业务办理、技术支持等。售后保证消费者得到相应的服务，并跟进了解消费者感受情况，及时改进服务。根据不同客户群体的金融需求，妥善做好差异化服务，满足各类客户群体的不同需求，公平对待消费者。此外，原中国银监会于2014年出台了《银行业金融机构消费者权益保护工作考核评价办法》，对银行进行考评打分。若网点每年出一份消费者权益保护工作报告（简要版），既能很好地体现政府监管的意旨，又能增加员工消保意识和服务意识，落实好以客户为中心的原则，还能有助于本行在每年度监管对银行消保工作考核评级中获得好成绩。如下图所示。

2014年8月7日《中国银监会关于印发银行业金融机构消费者权益保护工作考核评价办法的通知》（银监发〔2014〕37号）五维度：制度体系、制度执行、工作有效性、内部考核与重点问题。四个等级：90分以上一级、【75，90】为二级、【60，75】为三级、60分以下者为四级。一级领先，二级关注，三级银监发出风险提示与通报，四级采取监管措施。

支行消费者权益保护

工作报告

办公室

20XX年1月8日

176　认真履行合同义务，在关系到客户重大权益的问题上，积极通过事先与客户约定的各类信息提示渠道和方式，主动告知相关信息。

标准示范：

分值：5 分。

分值分布（分）：

（1）认真履行合同义务（3）；

（2）在关系到客户重大权益的问题上，积极通过事先与客户约定的各类信息提示渠道和方式，主动告知相关信息（2）。

考评方法：查阅消保相关制度、规定、记录和客户意见簿。

扣分点：（2）。

以往扣分情况如下：

（2）在关系到客户重大权益的问题上，员工忘记通过事先与客户约定的信息提示渠道告知客户相关信息。

> **温馨提示**
>
> 《中国银监会关于印发银行业消费者权益保护工作指引的通知》第九条明确规定："银行业金融机构应当尊重银行业消费者的知情权和自主选择权，履行告知义务……"网点应很好地理解执行好这项规定。

177　在办理个人贷款、信用卡等业务时，保证各项条件公正透明，严格履行告知义务并尊重客户自愿选择；最大限度地公开工作流程，公平对待消费者；严禁虚假承诺、捆绑销售等违法违规行为。

标准示范：

西城支行关于贯彻落实《中国银监会关于印发银行业消费者权益保护工作指引的通知》的通知	响应中国银行业公平对待消费者倡议书	支行认真贯彻银监会"七不准"规定

分值：6分。

分值分布（分）：

（1）在办理个人贷款、信用卡等业务时，保证各项条件公正透明（1.5），严格履行告知义务并尊重客户自愿选择（1.5）；

（2）最大限度地公开工作流程，公平对待消费者（1.5）；

（3）严禁虚假承诺、捆绑销售等违法违规行为（1.5）。

考评方法：查阅业务资料、文档及现场考察等。

扣分点：（3）。

以往扣分情况如下：

（3）存在虚假承诺、捆绑销售等行为。

> **温馨提示**
>
> 　　中国银监会下发正式文件保护消费者合法权益，并且中国银监会"七不准""四公开"明确规定，不得进行捆绑销售。行业协会也下发了"公平对待消费者自律公约。"网点最好是认真执行这些相关规定和要求，这也是提高客户满意度的有效途径。

178 充分考虑残障人士、老年人等各类特殊群体客户需求和特点，设计相适应的服务流程，增强专业服务技能，提高应急处理能力，尽可能提供便捷的人性化服务，确保特殊群体客户享受与其他客户平等权利。

标准示范：

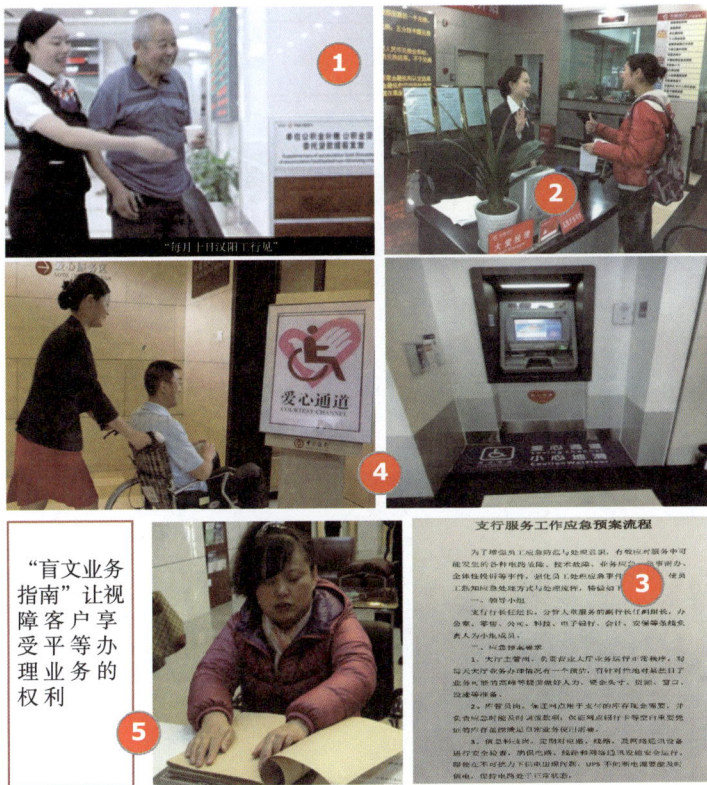

分值：3分。

分值分布（分）：

（1）充分考虑残障人士、老年人等各类特殊群体客户需求和特点，设计相适应的服务流程（0.6）；

（2）增强专业服务技能（0.6）；

（3）提高应急处理能力（0.6）；

（4）尽可能提供便捷的人性化服务（0.6）；

（5）确保特殊群体客户享受与其他客户平等权利（0.6）。

考评方法：现场观察，调阅影像资料和监控录像，查看客户意见簿，酌情评分。

扣分点：（3）（4）。

以往扣分情况如下：

（3）应急处理能力不强，遇事就慌，不知应急处理的程序与步骤；

（4）提供便捷的人性化服务不全，特殊群体客户不满意。例如，ATM 的操作键盘离地面太高，坐轮椅的客户看不到操作键盘等。

温馨提示

网点应充分尊重各类特殊群体客户（包括残障人士、老人、学生等），认真考虑他们的金融服务需求，有针对性地强化专业服务技能，提供专业化的特殊服务设施，方便他们使用，积极提供便捷的人性化服务，确保特殊群体客户享受与其他客户一样的平等权利。有的网点把盲道引进了自助服务区，方便了盲人朋友，如下图所示。

179 提供文字交流、电子显示屏叫号或相当功能服务，通过网上银行或其他自助渠道提供账户查询及转账、银行卡临时挂失和信用卡激活等涉及隐私的服务项目，保证听力障碍客户交流畅通、正常办理业务。

标准示范：

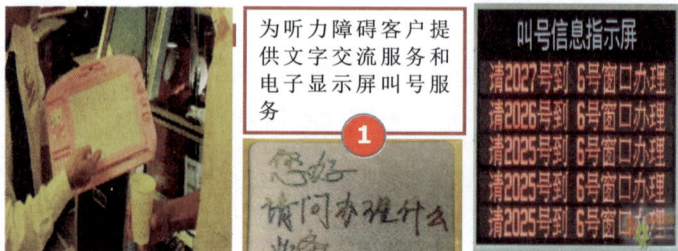

为听力障碍客户提供文字交流服务和电子显示屏叫号服务 **1**

通过网上银行为听力障碍客户提供账户查询及转账服务

分值：3分。

分值分布（分）：

（1）提供文字交流、电子显示屏叫号或相当功能服务（1）；

（2）通过网上银行或其他自助渠道提供账户查询及转账、银行卡临时挂失和信用卡激活等涉及隐私的服务项目（1）；

（3）保证听力障碍客户交流畅通、正常办理业务（1）。

考评方法：现场观察，调阅相关手语服务资料和监控录像等。

扣分点：（3）。

以往扣分情况如下：

（3）与听力障碍客户不能很好地交流沟通，影响客户业务办理。

温馨提示

　　网点应尽量培养和培训几名员工会手语服务，为听力障碍客户提供好服务；在手语服务基础上，对容易引起歧义的重要业务环节向特殊群体客户提供文字交流服务，或唇语服务。在此基础上拓宽网上银行、手机银行、智能自助银行服务功能，为听力障碍客户提供好账户查询、转账、银行卡挂失和信用卡激活等涉及隐私的服务项目。

180　　设置至少一种便于视力障碍客户办理业务的服务设施；已使用新媒体设备整合密码输入功能的营业网点，至少配备一台有定位点的传统按键式密码输入器。

标准示范：

网上银行盲文键盘及助盲卡

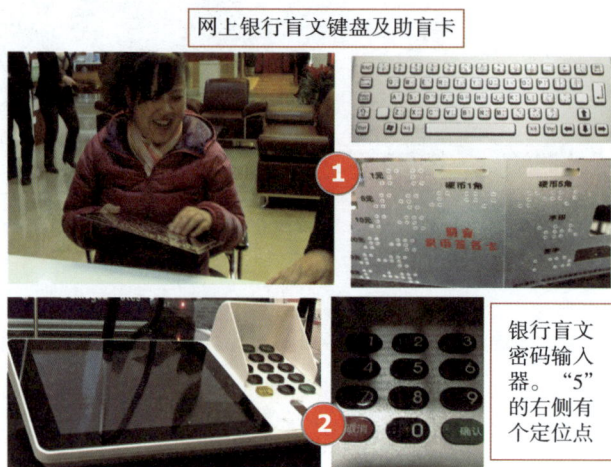

①

②

银行盲文密码输入器。"5"的右侧有个定位点

分值：3分。

分值分布（分）：

（1）设置至少一种便于视力障碍客户办理业务的服务设施（1.5）；

（2）已使用新媒体设备整合密码输入功能的营业网点，至少配备一台有定位点的传统按键式密码输入器（1.5）。

考评方法：现场观察，调阅相关监控录像。

扣分点：（2）。

以往扣分情况如下：

（2）已使用新媒体设备整合密码输入功能的营业网点，未配备至少一台有定位点的传统按键式密码输入器。

温馨提示

　　网点应设置便于视力障碍客户办理业务的服务设施，如助盲卡、盲文密码输入器或语音报数点钞机、外接盲道入网点等。已使用新媒体设备整合密码输入功能的营业网点，至少应配备一台有定位点的传统按键式密码输入器，供视力障碍客户办理业务使用。若客户提出了需求，网点服务人员应引导协助其办理业务。有的网点还详细制作了盲文版银行业务指南以及盲人ATM，如下图所示。

请A1061号顾客到5号窗口办理

181 　明示导盲犬可入标识，协助视力障碍客户携带经过登记、认证、有可识别标识且处于工作状态的导盲犬出入网点办理业务；网点工作人员妥善做好接待工作，保障网点正常秩序和其他客户安全。

　　标准示范：

导盲犬珍妮愉快地引领妈妈到银行办理业务。工作人员妥善陪伴接待

　　分值： 2分。

　　分值分布（分）：

　　（1）明示导盲犬可入标识（0.5）；

　　（2）协助视力障碍客户携带经过登记、认证、有可识别标识且处于工作状态的导盲犬出入网点办理业务（0.5）；

　　（3）网点工作人员妥善做好接待工作，保障网点正常秩序和其他客户安全（1）。

　　考评方法： 现场观察，问询员工，调阅监控录像资料及行业相关导盲犬出入网点相关规定。

　　扣分点：（1）（2）。

以往扣分情况如下：

（1）未明示导盲犬可入标识，或将导盲犬可入标识贴在网点内一个角落，不易看见；

（2）不让视力障碍客户携带经过登记、认证、有可识别标识且处于工作状态的导盲犬出入网点办理业务。

温馨提示

　　网点应按规定明示导盲犬可入标识。协助视力障碍客户携带经过登记、认证、有可识别标识且处于工作状态的导盲犬出入营业网点办理业务；没有上述证件也不处于工作状态的则只能按宠物接待，须牵入宠物笼子。妥善做好接待工作，保障网点正常秩序和其他客户安全。

182　按照制度规定和流程要求，为不能亲临柜台且有急需的特殊客户群体提供延伸服务。

标准示范：

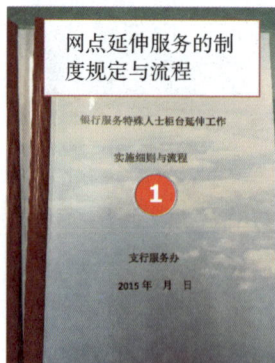

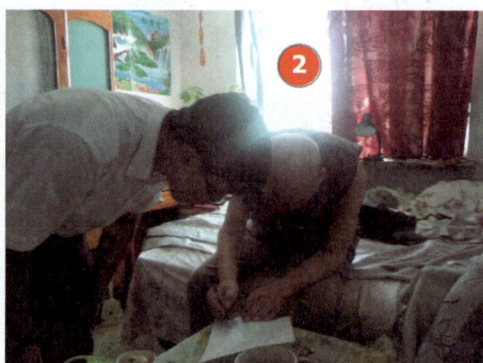

支行为不能亲临柜台且有急需的特殊客户群体提供延伸服务

分值： 3 分。

分值分布（分）：

（1）按照制度规定（0.5）和流程要求（0.5）；

（2）为不能亲临柜台且有急需的特殊客户群体提供延伸服务（2）。

考评方法： 查看相关制度、流程、记录、影像资料、客户意见簿等。

扣分点：（2）。

以往扣分情况如下：

（2）未能为不能亲临柜台且有急需的特殊客户群体提供延伸服务。

温馨提示

　　人手足、有条件的网点应按照制度规定和流程要求，尽量为不能亲临柜台且有急需的特殊客户群体提供延伸服务，履行好社会责任，并做好服务记录。

第二节　消费者权益保护

本节主要标准与分值

消费者权益保护（25 分）		
183	在网点自属管辖范围内，采取相应措施，保障消费者的人身和财产安全。	5 分
184	贯彻落实客户信息保护内控制度，妥善保管客户资料，尊重客户隐私权；除有权机关要求按照法律法规规定的程序提供客户信息外，不得擅自对外提供客户信息相关的任何资料。	5 分
185	未经消费者授权，不得向第三方机构或个人提供消费者的姓名、证件类型及证件号码、电话号码、通信地址及其他敏感信息；未经消费者同意，不得以各种形式向其推送各类服务和产品信息；无违规查询个人信用信息、盗用他人身份信息、损害他人信用记录的行为。	10 分
186	业务办理过程中，在客户视线或监控录像范围内使用客户身份证件；使用身份证件的复印件的，提醒客户标注使用范围。	5 分

183 在网点自属管辖范围内，采取相应措施，保障消费者的人身和财产安全。

标准示范：

分值：5 分。

分值分布（分）：

（1）在网点自属管辖范围内，采取相应措施（2.5）；

（2）保障消费者的人身和财产安全（2.5）。

考评方法：现场观察，查阅相关消保制度规定、事故记录等。

扣分点：（1）。

以往扣分情况如下：

（1）在网点自属管辖范围内，安全措施不足。

> **温馨提示**
>
> 　　网点应在自属管辖范围内，采取相应措施，包括：一是加强安保方面的防卫措施，确保消费者生命安全；二是保障消费者存款安全、资金运转安全、网上银行及自助设施操作安全等。现在电信网络诈骗猖獗，网点可通过各种媒介进行宣传，帮助广大消费者提高防诈骗识别能力，切实保障消费者的人身和财产安全。

　　有组织地开展一些知识竞赛，对这项工作能有很大的促进作用。例如，中国银行业协会在监管机构指导下曾组织了全行业消费者权益保护知识大赛，全行业共有 100 多万名员工参与进来；两年以后又举行了消保知识网络竞赛，参赛人数依然超过 100 万名。"以赛促学，以赛代训"，极大地提高了全行业消保水平。如下图所示。

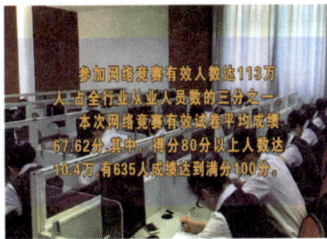

184　贯彻落实客户信息保护内控制度，妥善保管客户资料，尊重客户隐私权；除有权机关要求按照法律法规规定的程序提供客户信息外，不得擅自对外提供客户信息相关的任何资料。

标准示范：

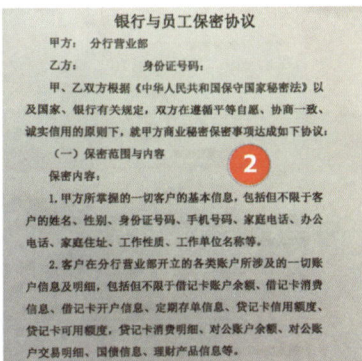

分值：5 分。

分值分布（分）：

（1）贯彻落实客户信息保护内控制度，妥善保管客户资料（1.5），尊重客户隐私权（2）；

（2）除有权机关要求按照法律法规规定的程序提供客户信息外，不得擅自对外提供客户信息相关的任何资料（1.5）。

考评方法：查看信息管理制度与登记情况等。

扣分点：（1）。

以往扣分情况如下：

（1）将笔记本电脑或 U 盘外带，不慎遗失等泄露客户信息。

温馨提示

　　网点应建立客户信息保护内控制度，包括客户个人基本信息、资金财产信息、资金运作信息、银行产品使用信息等；客户资料应妥善保管，网点工作人员不要把记载有客户信息的 U 盘等存储设备带离网点；充分尊重客户隐私权；员工不得擅自对外提供客户的任何信息资料。这是消费者权益保护非常重要的一项工作。

185　未经消费者授权，不得向第三方机构或个人提供消费者的姓名、证件类型及证件号码、电话号码、通信地址及其他敏感信息；未经消费者同意，不得以各种形式向其推送各类服务和产品信息；无违规查询个人信用信息、盗用他人身份信息、损害他人信用记录的行为。

标准示范：

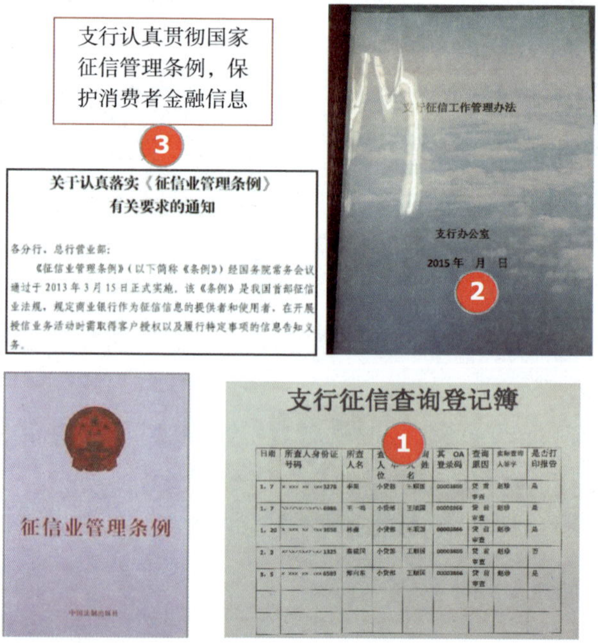

分值：10 分。

分值分布（分）：

（1）未经消费者授权，不得向第三方机构或个人提供消费者的姓名、证件类型及证件号码、电话号码、通信地址及其他敏感信息（4）；

（2）未经消费者同意，不得以各种形式向其推送各类服务和产品信息（1.5）；

（3）无违规查询个人信用信息（1.5）、盗用他人身份信息（1.5）、损害他人信用记录（1.5）的行为。

考评方法：查看信息管理制度、相关信息管理记录等。

扣分点：（2）。

以往扣分情况如下：

（2）未经消费者同意，向消费者推送各类服务和产品信息。

> **温馨提示**
>
> 　　网点员工应严格执行国家关于征信管理的规定和本行的征信工作管理办法，根据业务工作需要对企业和个人的征信查询，采取亲自申请、专人查询、逐条登记的方式进行。不能违规查询个人信用信息和盗卖客户信息，也不能盗用他人身份信息和损害他人信用记录。否则将承担法律责任。

186　业务办理过程中，在客户视线或监控录像范围内使用客户身份证件；使用身份证件的复印件的，提醒客户标注使用范围。

标准示范：

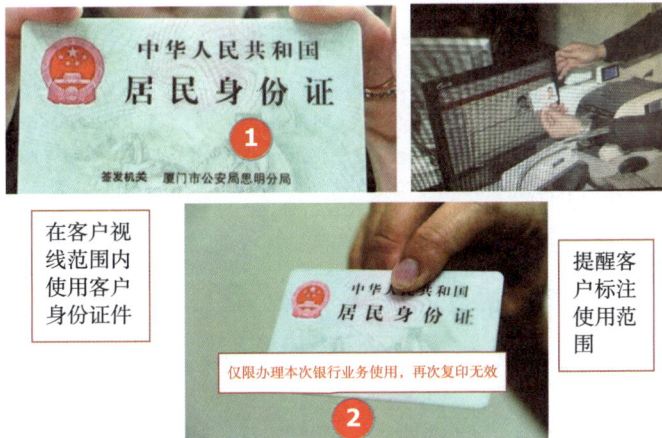

在客户视线范围内使用客户身份证件

提醒客户标注使用范围

分值：5分。

分值分布（分）：

（1）业务办理过程中，在客户视线或监控录像范围内使用客户身份证件（3）；

（2）使用身份证件的复印件的，提醒客户标注使用范围（2）。

考评方法：现场观察，调阅监控录像等。

扣分点：（2）。

以往扣分情况如下：

（2）忘记提醒客户使用身份证件的复印件，需标注使用范围。

温馨提示

　　网点在业务办理过程中使用客户身份证件时一定要在客户视线或监控录像范围内，让客户放心。同时网点员工最好提醒客户，在使用身份证复印件时要标注使用范围。

第三节　公众教育

本节主要标准与分值

公众教育（15分）		
187	明确本网点公众教育工作计划及目标，并纳入本单位年度工作计划。	5分
188	宣传金融知识，提示银行理财、外汇等常见投资品风险防范须知，持续提高消费者识别和防范金融风险的能力。	4分
189	配备充足数量的消费者权益保护、金融知识普及等读物，或提供电子化获取渠道。	3分
190	开展形式多样的公众教育活动，提升宣传教育的时效性，增强广大消费者识别非法金融业务、非法金融活动和防范不法侵害的能力。	3分

187 明确本网点公众教育工作计划及目标，并纳入本单位年度

工作计划。

标准示范：

对公众教育工作进行统筹规划

明确工作目标及职能分工

分值： 5分。

分值分布（分）：

（1）明确本网点公众教育工作计划及目标（3）；

（2）纳入本单位年度工作计划（2）。

考评方法： 查阅公众教育相关制度、总结等。

扣分点：（2）。

以往扣分情况如下：

（2）公众教育未纳入网点年度工作计划。

温馨提示

　　网点应按照监管机构规定和行规行约，建立健全公众教育服务长效机制，对本单位公众教育工作进行统筹规划，明确工作目标及职能分工，按计划开展公众教育工作，丰富广大客户的金融知识与自助服务技巧等。

188　宣传金融知识，提示银行理财、外汇等常见投资品风险防范须知，持续提高消费者识别和防范金融风险的能力。

　　标准示范：

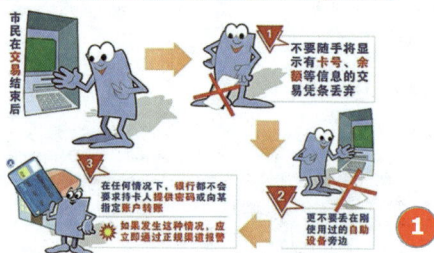

分值：4分。

分值分布（分）：

（1）宣传金融知识（1）；

（2）提示银行理财、外汇等常见投资品风险防范须知（1.5）；

（3）持续提高消费者识别和防范金融风险的能力（1.5）。

考评方法：现场观察，查阅相关制度和宣传资料、影像资料记录等。

扣分点：无。

以往扣分情况如下：

无。此条在历次考评中未扣过分。

> **温馨提示**
>
> 　　网点应大力宣传银行卡、电子银行等产品安全使用知识和服务注意事项，帮助客户安全使用银行卡和网上银行。明确提示银行理财、外汇等投资理财的风险防范，提高投资者的风险意识。宣传介绍银行产品和服务项目，真诚为广大客户服务。推广无障碍服务设施，帮助残障朋友享有健康人服务品质。介绍并在网点公示投诉渠道、方法和流程，尽早化解和解决矛盾。持续提高消费者识别和防范金融风险的能力，尽量减少消费者所承受的风险。

189　配备充足数量的消费者权益保护、金融知识普及等读物，或提供电子化获取渠道。

标准示范：

丰富的消保知识和金融知识宣传读物

分值：3 分。

分值分布（分）：

（1）配备充足数量的消费者权益保护、金融知识普及等读物，或提供电子化获取渠道（3）。

考评方法：现场观察。

扣分点：无。

以往扣分情况如下：

无。此条在历次考评中未扣过分。

温馨提示

　　网点应在公众教育区配备充足数量的公众教育读物和金融知识普及读物。有的公众教育读物可制作成卡片或小折页，在办业务时送给客户或由客户自由取阅。同时，提供电子化获取渠道，供消费者查阅。

190　开展形式多样的公众教育活动，提升宣传教育的时效性，增强广大消费者识别非法金融业务、非法金融活动和防范不法侵害的能力。

标准示范：

与学校、社区、街道、乡村等联合开展金融知识宣传教育活动

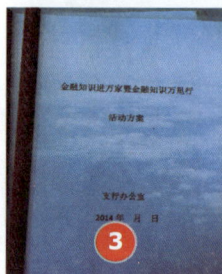

支行制订了金融知识进万家和金融知识万里行活动方案，针对不同群体有针对性地开展公众宣传教育活动

分值：3分。

分值分布（分）：

（1）开展形式多样的公众教育活动（1）；

（2）提升宣传教育的时效性（1）；

（3）增强广大消费者识别非法金融业务、非法金融活动和防范不法侵害的能力（1）。

考评方法：查阅相关公众教育活动方案以及影像资料等。

扣分点：（1）。

以往扣分情况如下：

（1）开展形式多样的公众教育活动不多。

温馨提示

　　网点应积极与监管部门、人民银行、上级行、社区街道、政府机关、学校、乡村等相关机构合作，开展形式多样的公众教育活动，并针对不同目标群体，通过不同宣教渠道有针对性地制订活动方案，并积极组织实施，做好资料积累与保存。

第四节　社会责任履行

本节主要标准与分值

社会责任履行（20分）		
191	以网点所能承受的资源配给，为公共服务事业提供便利和公益服务。	2分
192	落实国家产业政策，积极支持绿色信贷、节能环保、小微企业、涉农项目、科技创新型企业、养老金发放、个人助业、个人助学、保障性住房、消费贷款、地区扶贫等至少两类项目。	5分
193	积极支持环境保护事业，以绿色运营的实际行动降低自身对环境资源的影响，通过开辟专栏等不同形式，宣传低碳、环保、节能等生活常识。	3分

194	积极支持公益、慈善事业，组织开展扶贫帮困、社会志愿者服务、助老助残、助学支教、无偿献血、送温暖工程等至少一类相关公益活动。	5分
195	发生特大灾害事件，开辟赈灾绿色通道，优先办理救灾相关业务，按有关监管规定，全力保障救灾资金汇拨、现金提取、救灾信贷等各项金融服务需求。	5分

191 以网点所能承受的资源配给，为公共服务事业提供便利和公益服务。

标准示范：

分值：2分。

分值分布（分）：

（1）以网点所能承受的资源配给，为公共服务事业提供便利（1）；

（2）提供公益服务（1）。

考评方法：查看公益慈善相关活动资料与记录等。

扣分点：（2）。

以往扣分情况如下：

（2）未做公益服务，或仅注重形式无效果。

温馨提示

网点应在所能承受的范围内参与公共服务事业建设和公益服务。这一方面是履行社会责任，另一方面是在社会上树立良好的口碑。通过口口相传，获得市场认可，从而获得客户。

192　落实国家产业政策，积极支持绿色信贷、节能环保、小微企业、涉农项目、科技创新型企业、养老金发放、个人助业、个人助学、保障性住房、消费贷款、地区扶贫等至少两类项目。

标准示范：

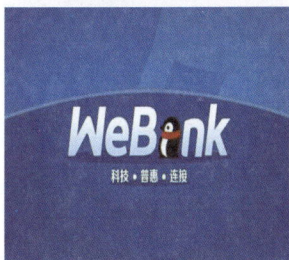

银行开办绿色信贷，积极支持环保事业、支持清洁能源……

银行积极支持小微企业发展……

银行积极支持"三农"发展……

银行积极开办消费信贷……

分值： 5 分。

分值分布（分）：

（1）落实国家产业政策，积极支持绿色信贷、节能环保、小微企业、涉农项目、科技创新型企业、养老金发放、个人助业、个人助学、保障性住房、消费贷款等至少两类项目（5）。

做到一类得 2.5 分，做到两类及以上得 5 分。

考评方法： 查看相关制度与项目资料及实施情况等。

扣分点： 无。

以往扣分情况如下：

无。此条在历次考评中未扣过分。

温馨提示

网点在上述绿色信贷、节能环保、小微企业、涉农项目、科技创新型企业、养老金发放、个人助业、个人助学、保障性住房、消费贷款等项目中至少应做好两类项目。一方面是履行社会责任，另一方面是自身发展的需要。

---

193 积极支持环境保护事业，以绿色运营的实际行动降低自身对环境资源的影响，通过开辟专栏等不同形式，宣传低碳、环保、节能等生活常识。

标准示范：

低碳生活从银行办公和员工生活做起，办公减少耗材、耗电、耗水。生活节能环保

支银发[2013]88号

关于厉行节约 降低办公成本的通知

支行各部室：

为积极响应总行和分行"厉行勤俭节约，降低运营成本"的号召，打造资源节约、环境友好、物尽其用的办公环境，使支行办公与行政运转高效化、办公成本低耗化，支行将在全行范围开展"低耗办公"行动，具体要求如下：

积极开办绿色信贷，支持环境保护事业发展……

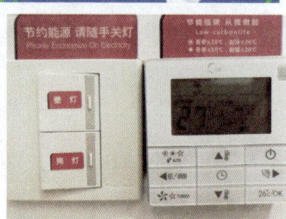

节约能源 请随手关灯

分值：3分。

分值分布（分）：

（1）积极支持环境保护事业，以绿色运营的实际行动降低自身对环境资源的影响（1.5）；

（2）通过开辟专栏等不同形式，宣传低碳、环保、节能等生活常识（1.5）。

考评方法：现场观察，查阅相关绿色金融资料、记录等。

扣分点：（2）。

以往扣分情况如下：

（2）宣传低碳、环保、节能等生活常识不够。

温馨提示

　　网点应积极支持环境保护事业，尤其是信贷投放要遵守国家的产业政策，严格限制对"两高一剩"行业贷款，以绿色运营的实际行动降低自身对环境资源的影响。同时，通过开辟专栏或屏显等不同形式，宣传低碳、环保、节能等生活常识。银行员工也应从自身做起，节能环保。

---

194 积极支持公益、慈善事业，组织开展扶贫帮困、社会志愿者服务、助老助残、助学支教、无偿献血、送温暖工程等至少一类相关公益活动。

标准示范：

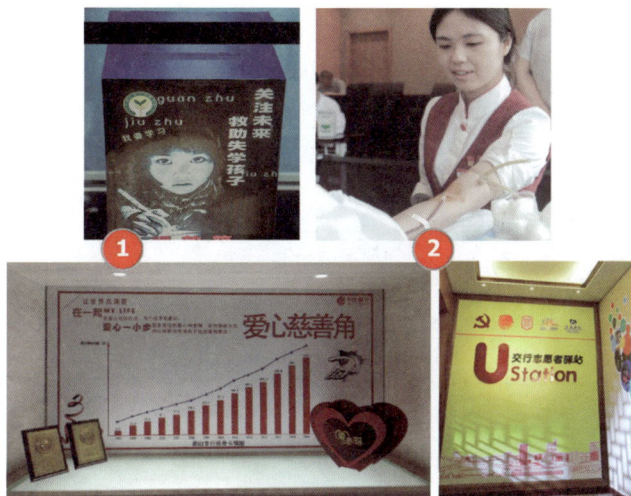

分值：5分。

分值分布（分）：

（1）积极支持公益、慈善事业（1）；

（2）组织开展扶贫帮困、社会志愿者服务、助老助残、助学支教、无偿献血、送温暖工程等至少一类相关公益活动（4）。

考评方法：查看公益慈善相关活动资料与记录等。

扣分点：（2）。

以往扣分情况如下：

（2）一年内扶贫帮困、社会志愿者服务、助老助残、助学支教、无偿献血、送温暖工程等公益活动一类都未参加过。

> **温馨提示**
>
> 　　网点应积极支持并参与公益、慈善事业，组织开展扶贫帮困、助老助残、助学支教、无偿献血、送温暖工程等相关公益活动，并号召员工采取不同形式参与社会志愿者服务活动。

195　发生特大灾害事件，开辟赈灾绿色通道，优先办理救灾相关业务，按有关监管规定，全力保障救灾资金汇拨、现金提取、救灾信贷等各项金融服务需求。

标准示范：

1

2 赈灾通道，优先办理赈灾金融业务

3 支行启动了抗震救灾"赈灾通道"，全力满足救灾资金汇拨、现金提取、救灾信贷等各项金融服务需求

分值：5 分。

分值分布（分）：

（1）发生特大灾害事件，开辟赈灾绿色通道（1）；

（2）优先办理救灾相关业务（1.5）；

（3）按有关监管规定，全力保障救灾资金汇拨、现金提取、救灾信贷等各项金融服务需求（2.5）。

考评方法：查看网点赈灾规定、赈灾活动记录、影像资料等。

扣分点：（1）。

以往扣分情况如下：

（1）发生特大灾害事件，开辟赈灾绿色通道行动迟缓。

温馨提示

　　在发生特大灾害事件后，处于灾区的银行网点首先要尽快恢复正常营运，并迅速开辟赈灾绿色通道，优先办理救灾相关业务。非灾区的银行网点也应在第一时间迅速开辟赈灾绿色通道，优先办理救灾相关业务。按有关监管规定，全力保障救灾资金汇拨、现金提取、救灾信贷等各项金融服务需求。

第十章　　　服务文化

本章由 5 条具体标准组成，着力解决向心力、凝聚力、团队精神，以及发展的平衡性与价值取向等问题。本章共 50 分，分值分布详见下表。

服务文化（50 分）		
196	充分发挥基层党组织、党员的引领作用，大力培育符合本行实际的服务文化。	10 分
197	员工熟知、自觉践行并向客户宣导本行服务理念，探索并形成个性化、特色化服务。	10 分
198	按照上级行要求制订本单位服务文化工作方案，并纳入本单位年度工作计划；开展丰富多彩的服务文化主题活动，以及年度评优和表彰活动，树立先进服务典型，传播先进服务事迹。	10 分
199	在网点设置服务文化墙，宣传本行服务文化理念、优秀员工、主题活动、员工心声等内容，营造良好的服务文化氛围。	10 分
200	做好服务文化传承，积极开展服务创新实践活动，定期总结服务经验，向上级行提出服务改进建议。	10 分

196　　充分发挥基层党组织、党员的引领作用，大力培育符合本行实际的服务文化。

标准示范：

党员挂牌服务，充分发挥基层党组织、党员的引领作用

分值：10 分。

分值分布（分）：

（1）充分发挥基层党组织、党员的引领作用（5）；

（2）大力培育符合本行实际的服务文化（5）。

考评方法：查看相关制度、流程、记录等。

扣分点：（2）。

以往扣分情况如下：

（2）符合本行实际的服务文化不强、不明显。

温馨提示

　　网点建设应发挥党建作用，抓党建、促发展。充分发挥基层党组织、党员的引领作用，培育符合本行实际的服务文化。以党员为主，带动全体员工参与服务文化建设。

197　员工熟知、自觉践行并向客户宣导本行服务理念，探索并

形成个性化、特色化服务。

标准示范：

① 支行"以人为本"，崇尚中国传统文化之精髓，把"礼、义、仁、智、信"作为支行服务文化的核心，贯穿到银行服务各条线、各专业，以及每一位员工

礼：银行服务良好体验之源

义：实现客户社会银行共赢之道

仁：银行服务道德价值之本

智：银行服务创新之能

信：银行服务与生存之基

② "今天您微笑了吗？""今天您帮助别人了吗？"这是员工的见面问候语。员工熟知"礼、义、仁、智、信"服务文化，可以通过微笑传递出来，并自觉践行，感染客户

分值：10 分。

分值分布（分）：

（1）员工熟知、自觉践行并向客户宣导本行服务理念（5）；

（2）探索并形成个性化、特色化服务（5）。

考评方法：查看相关制度、流程、记录，询问员工等。

扣分点：（2）。

以往扣分情况如下：

（2）本行个性化、特色化服务文化并未形成。

温馨提示

　　网点应培育符合本行实际的服务文化和价值观，形成统一的具有自身特色的服务理念，员工认可，能做到熟知和自觉践行，并向广大客户宣导本行服务理念。而文化又可各行有各行的特色，网点只要能秉承好本行特色文化，并发扬光大就很好了。

198　　按照上级行要求制订本单位服务文化工作方案，并纳入本单位年度工作计划；开展丰富多彩的服务文化主题活动，以及年度评优和表彰活动，树立先进服务典型，传播先进服务事迹。

标准示范：

文化工作方案纳入年度工作计划

按照文化工作方案，举办服务礼仪大赛

获百佳、千佳、星级网点单位。树立典型，传播先进

分值：10 分。

分值分布（分）：

（1）按照上级行要求制订本单位服务文化工作方案（2）；

（2）纳入本单位年度工作计划（2）；

（3）开展丰富多彩的服务文化主题活动（2）；

（4）开展年度评优和表彰活动（2）；

（5）树立先进服务典型，传播先进服务事迹（2）。

考评方法：查阅服务文化工作方案、年度工作计划、各种文化活动记录等。

扣分点：（3）（4）。

以往扣分情况如下：

（3）未开展丰富多彩的服务文化主题活动；

（4）未开展年度评优和表彰活动。

> **温馨提示**
>
> 　　网点应按照有关要求制订本单位服务文化工作方案，并纳入本单位年度工作计划；开展丰富多彩的服务文化主题活动，以及年度评优和表彰活动，树立先进服务典型，传播先进服务经验，并做好各种资料的积累。榜样的力量是无穷的，中国银行业协会和地方协会所开展的百佳、千佳及星级网点颁奖典礼与激励，各行自己举办的颁奖典礼与激励等一直是鼓舞银行网点员工改进服务的动力。如下图所示。

199　在网点设置服务文化墙，宣传本行服务文化理念、优秀员工、主题活动、员工心声等内容，营造良好的服务文化氛围。

标准示范：

在网点内部办公或员工休息区域设置服务文化墙

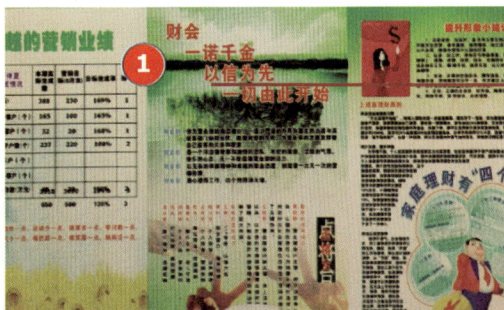

宣传本行服务文化理念"礼、义、仁、智、信"之"诚信"文化

宣传优秀员工

按照文化方案组织员工参加行业金融职场秀活动……

开展客户留言活动：展露员工心声，营造良好的服务文化氛围

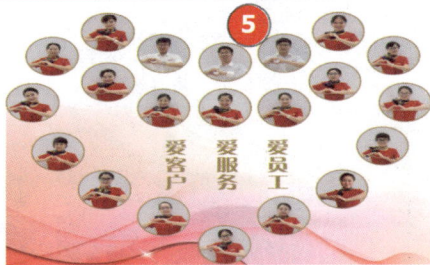

分值： 10 分。

分值分布（分）：

（1）在网点设置服务文化墙（4）；

（2）宣传本行服务文化理念（1）；

（3）宣传优秀员工（1）；

（4）宣传主题活动、员工心声（1）；

（5）营造良好的服务文化氛围（3）。

考评方法： 现场观察，查阅服务文化建设资料、活动记录等。

扣分点：（1）（5）。

以往扣分情况如下：

（1）网点未认真设置服务文化墙；

（5）良好的服务文化氛围未形成。

温馨提示

　　网点可在内部办公区，或员工休息区域，或内部办公走廊通道等设置服务文化墙，宣传本行服务文化理念，表扬优秀员工（如服务营销冠军、服务明星、创新明星、明星大堂经理、优秀客户经理、优秀理财经理等），展现主题活动，展示客户留言，吐露员工心声等。充分展现员工风采，精神风貌，积极营造良好的服务文化氛围。服务文化墙的设置因行而异，因网点而异。只要能突出员工积极参与的文化，又美观，甚至连会议室、餐厅的墙都可以利用起来。如下图所示。

200　做好服务文化传承，积极开展服务创新实践活动，定期总结服务经验，向上级行提出服务改进建议。

标准示范：

历史沿革与传承

书吧银行创新服务文化

创新竞赛

2017 全行员工产品创新创意竞赛 总决赛 助推创造价值 2017.11

支行 2017 年度服务文化 工作总结

宣传办公室 2017 年 12 月 日

支行服务文化工作总结 与计划

（三）文化工作建设的建议

银行文化建设是支撑银行服务理念的基石，通过一年来的银行文化建设活动，员工精神面貌得到了大大改观，整个员工队伍士气旺盛了。工作积极性、主动性提高了，各项业务发展提速了。真是可喜可贺。为了在新的一年继续抓好服务文化建设，特向分行提出如下建议：

一是请允许支行将内部办公通道两侧墙体做一简单粉刷，做成文化走廊，再现员工风采。文化走廊建设由员工集思广益自行设计，不请外面装修公司。

分值：10 分。

分值分布（分）：

（1）做好服务文化传承（2.5）；

（2）积极开展服务创新实践活动（2.5）；

（3）定期总结服务经验（2.5）；

（4）向上级行提出服务改进建议（2.5）。

考评方法：查看相关总结、计划、制度、记录等。

扣分点：（1）（4）。

以往扣分情况如下：

（1）不知如何做服务文化传承；

（4）未向上级行提出服务改进建议。

> **温馨提示**
>
> 网点应通过多种形式，积极开展服务文化活动，突出员工参与，让员工获得成就感；创新活动方式及内容，行内与行外结合，"请进来"与"走出去"结合，网上与网下结合，微信短信与互动参与结合，聚集人气、鼓起士气、拼出名气；定期对服务文化培育情况进行总结和提炼，向上级行提出服务文化创新建议，做好服务文化积累与传承工作。服务文化最重要的作用是培育优良的团队精神，手拉手，心连心，心往一处想，劲往一处使。如下图所示。

网点历史文化传承与积累，如网点用具、用品、凭证博物站，金融史料及物件展，人物介绍等。网点历史文化的积累有助于员工良好价值观的形成，尤其是对本行倡导的价值观的认可，增强员工的自信心与自豪感。这项工作最好让员工参与进来，如提供展件（标明其所用权归员工本人）、编写文字介绍、布置展室等，增加员工的成就感。如下图所示。

第三套人民币
THIRD SET OF RENMINBI

第四套人民币
FOURTH SET OF RENMINBI

第五套人民币
FIFTH SET OF RENMINBI

增值章　　网点服务营销

　　本章主要讲述了银行变坐商为行商，突出"获客、黏客、活客"的服务营销理念，进一步帮助网点提升竞争力和盈利能力。本章属本人在两百条之外赠送给广大读者的增值服务，也是本人至今长期从事服务营销工作的经验分享。

网点服务营销	
201	银行网点由坐商变为行商，不断获客。即网点负责人、客户经理等工作人员主动走进客户，包括走进商业市场、企业公司、政府机关、社区楼盘、大专院校、田间地头等，延伸金融服务与推介银行产品。
202	网点积极开展服务营销，通过树品牌与口碑，以及银行关联业务、微信圈、各类广告宣传、新产品与新服务信息（新闻）发布会、客户推介客户等不断获客。
203	网点积极黏客，每月至少举行一次中高端客户交流会（沙龙）或鉴赏会，可以宣传推介本行产品，也可以由客户主导宣传介绍或鉴赏客户产品；对于每一位高端客户，客户经理通过各种方式至少每半年走访拜见一次。
204	网点为中高端客户提供增值服务，如行业咨询、市场分行、资产打理、投资顾问、金融业务个性化需求；安排上下产业链条见面洽谈会。
205	提供出国金融服务，如提供出国留学和旅游等咨询、策划、手续办理，以及相关融资、汇兑等金融业务服务。
206	开展信用卡相关消费融资服务，为流动性暂时紧张的客户解决临时资金需要。
207	承接政府、企事业单位委托代理业务，如资金归集、收支账户管理、费用代缴、医疗挂号、学费代理，以及企业年金和职业年金业务等。
208	拓展定期存款、基金、理财产品、账户贵金属、保险单、账户外汇、国债等资产质押业务，探索创新开展企业年金与职业年金质押融资业务等。
209	联手互联网平台，借道销售产品与提供金融服务。
210	积极开辟新领域，联手保险、基金、证券公司研发产品，拓展账户开立、资金汇划、投资理财与养老市场等。

201 银行网点由坐商变为行商，不断获客。即网点负责人、客户经理等工作人员主动走进客户，包括走进商业市场、企业公司、政府机关、社区楼盘、大专院校、田间地头等，延伸金融服务与推介银行产品。

标准示范：

（1）银行网点由坐商变为行商，即网点负责人、客户经理等工作人员主动走进客户，包括走进商业市场，延伸金融服务与推介银行产品；

（2）走进企业公司延伸金融服务与推介银行产品；

（3）走进政府机关延伸金融服务与推介银行产品；

（4）走进社区楼盘延伸金融服务与推介银行产品；

（5）走进大专院校延伸金融服务与推介银行产品；

（6）走进田间地头延伸金融服务与推介银行产品。

温馨提示

　　银行网点应由坐商变为行商，将服务积极主动延伸到商业市场、企业公司、政府机关、社区楼盘、大专院校、田间地头等，变坐商为行商。由于激烈的金融竞争，银行现在已不是卖方市场了，而是买方市场，因此要学会走进客户，上门服务，上门获客。建设银行贵阳河滨支行"五走进"（走进公司、走进个人、走进社区、走进楼盘、走进机关院校），成功赢得花果园棚户区改造金融服务市场，为支行市场拓展打开了一片广阔的空间，取得了良好的经验，创造了骄人的业绩。

　　几年前，我去新加坡的一家银行考察业务，发现这家银行有十几位客户经理，但仅安排了一间摆有5张桌子的办公室供客户经理们使用。我当时有些不解，该行负责人告诉我：这些桌子是供客户经理签约用的，不是坐班用的，平时客户经理们都在市场里"泡着"，我们每月考核其新增客户数量，并据此给客户经理们发放绩效，客户经理们很清楚自己能拿多少绩效，我们的考核是公开透明的。

202　　网点积极开展服务营销，通过树品牌与口碑，以及银行关联业务、微信圈、各类广告宣传、新产品与新服务信息（新闻）发布会、客户推介客户等不断获客。

标准示范：

（1）网点积极开展服务营销；

（2）通过树品牌与口碑，以及银行关联业务、微信圈、各类广告宣传、新产品与新服务信息（新闻）发布会、客户推介客户等不断获客。

　　获客是网点扩大业务规模与业务范围的必要条件，有好的产品一定要通过各种渠道让更多的人知道，让更多的人可以选择，经过长期的打磨，别出心裁地树立自己的品牌。新产品也可通过微信群发朋友圈，好友发好友，目前这种营销模式还是比较有效的（见下图）。

　　如何做好服务营销？首先要把自己营销出去，即把客户当朋友、当亲人，想方设法通过各种方式与渠道，让客户感受到自己的人品、为人及人格魅力，让客户认可自己。其次，深入了解客户的企业生产经营状况，或客户个人的经济生活状况，发现需求，提供相应服务。

　　203　网点积极黏客，每月至少举行一次中高端客户交流会（沙龙）或鉴赏会，可以宣传推介本行产品，也可以由客户主导宣传介绍或鉴赏客户产品；对于每一位高端客户，客户经理通过各种方式至少每半年走访拜见一次。

标准示范：

（1）网点积极黏客，每月至少举行一次中高端客户交流会（沙龙）或鉴赏会，可以宣传推介本行产品，也可以由客户主导宣传介绍或鉴赏客户产品；

（2）对于每一位高端客户，客户经理通过各种方式至少每半年走访拜见一次。

温馨提示

市场竞争激烈，为了留住客户，网点应时刻不忘黏客，且需以客户为中心，通过各种方式展开黏客工作。要想黏住客户，客户体验就很重要，应善于提供超出客户预期的服务，让客户有一种惊喜，或让客户喜悦。通过良好的服务体验，"不断提高客户满意度，将一次性客户转化为长期客户，把长期客户转化为终身忠诚的客户"（引自《马云的哲学》），并善于利用名人效应，邀请各路名人做讲座、鉴赏等，积攒人脉，形成朋友群。这对黏客与获客会产生意想不到的效果。

北京银行济南分行就把文化交流做成了品牌，成立了"荣保京行艺术馆"，一次次高端文化活动把大量的中高端客户或潜在的中高端客户吸引到这里。有的去位于11楼的荣宝京行艺术馆参观书画展览、诗会；有的去位于13楼的星云大师展馆感受佛教文化与书法魅力；有的去2楼的"青年艺术榜"感受新锐艺术家的脉搏。这就是北京银行四大特色金融品牌之一的"文化金融"。该行通过文化金融活动，搭建了一个艺术品企业、艺术家、收藏家、爱好者共同参与的文化金融交流平台。既黏住了已有的中高端客户，还能拓展新的客户群。网点借此可以拓展的业务有揽存款、消费贷款、网上银行、手机银行、银行卡等。如下图所示。

204　网点为中高端客户提供增值服务，如行业咨询、市场分行、资产打理、投资顾问、金融业务个性化需求；安排上下产业链条见面洽谈会。

标准示范：

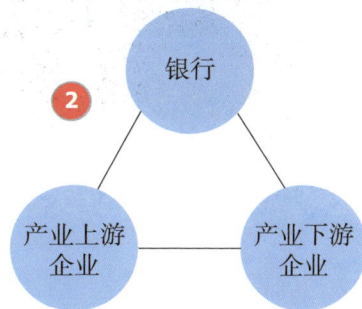

（1）网点为中高端客户提供增值服务，如行业咨询、市场分行、资产打理、投资顾问、金融业务个性化需求；

（2）安排上下产业链条见面洽谈会。

> **温馨提示**
>
> 　　以客户为中心，为客户提供增值服务能为客户带来良好的服务体验，可以起到很好的黏客作用。如为公司客户提供行业政策咨询，产品价格走势、产品结构与产品升级分析，资金打理建议等。为个人中高端客户提供存款增值、市场分析、投资建议、理财咨询、子女教育、养老安排、家庭信托、财富传承等方面的顾问服务，让客户对银行专业人士形成金融依赖，客户的资金与家产自然愿意交给银行打理。

　　网点应善于为客户，以及客户的家庭，乃至企业（公司）当好金融顾问，从实现客户价值的角度出发，为客户在利用金融手段与工具来提升生活品质或改善经营管理方面出谋划策。

205 　提供出国金融服务，如提供出国留学和旅游等咨询、策划、手续办理，以及相关融资、汇兑等金融业务服务。

标准示范：

（1）提供出国金融服务，如提供出国留学和旅游等咨询、策划、手续办理；

（2）提供相关融资、汇兑等金融业务服务。

温馨提示

　　出国金融服务业务会随着中国经济的全球化与金融的国际化而迅速凸显，网点应创造条件拓展此项业务。一是能丰富网点的服务品种；二是能吸引新的客户；三是能为网点带来中间业务收入。

　　随着中产阶层的扩大，送孩子出国留学的需求与日俱增，这里蕴含了巨大的出国金融服务需求。如下图所示。

206　开展信用卡相关消费融资服务，为流动性暂时紧张的客户解决临时资金需要。

标准示范：

还款人民币1000.00元，本期账单已还清，当前人民币可用额度141000.00元，您可致电白金助理热线4008880288了解详情，我们将竭诚为您服务！【浦发银行】

7月18日 周三 上午9:19

（1）开展信用卡相关消费融资服务；

（2）为流动性暂时紧张的客户解决临时资金需要。

温馨提示

　　以信用卡为载体，为客户提供相关的个人金融服务创新。例如，让客户开立一张借记卡，然后将其信用卡的信用额度以现金方式打到借记卡上供客户使用，银行收取手续费。又如，客户信用卡上的信用额度只能有一半可以取现，若是五星级以上的客户，且信誉良好，为什么不考虑扩大其取现限额呢？既服务与方便了客户，又增加了手续费收入。再者，有的ATM一天只能取一次2000元现金，为什么不把ATM一次取现额度放大到5000元或10000元？也可增加手续费与利息收入。

　　为了促进这项业务的发展，可以把银行卡以电子卡的形式植入手机中，这意味着人们出门不带实物卡也可以享受消费融资等银行服务。

207　　承接政府、企事业单位委托代理业务，如资金归集、收支账户管理、费用代缴、医疗挂号、学费代理，以及企业年金和职业年金业务等。

标准示范：

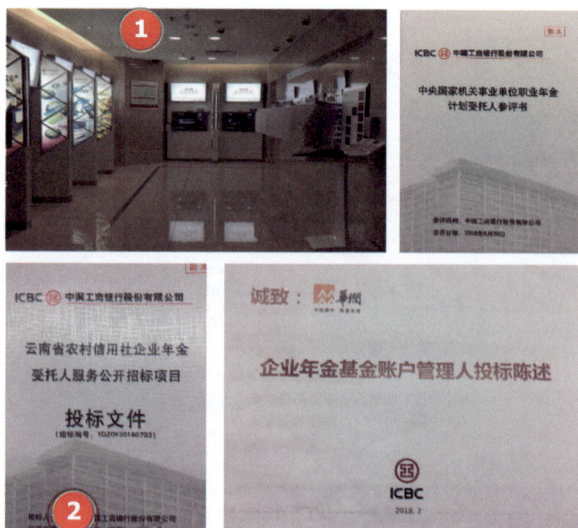

（1）承接政府、企事业单位委托代理业务，如资金归集、收支账户管理、费用代缴、医疗挂号、学费代理等；

（2）企业年金和职业年金业务等。

> **温馨提示**
>
> 　　拓展代理业务，既为政府、企事业单位提供了帮助，方便了群众客户，网点又可增加中间业务收入。具体代理业务可以通过网上银行、手机银行、自助银行进行办理。企业年金和职业年金都有很多业务可代理，网点应积极加强前期研究和中后期的参与工作，拓展新的中间业务。

　　随着市场化程度不断加深，承接与代理业务异军突起，成为银行中间业务的生力军。如2017年国家正式启动的职业年金，必将成为银行承接与代理业务新的利润增长点。

208　拓展定期存款、基金、理财产品、账户贵金属、保险单、账户外汇、国债等资产质押业务，探索创新开展企业年金与职业年金质押融资业务等。

标准示范：

（1）拓展定期存款、基金、理财产品、账户贵金属、保险单、账户外汇、国债等资产质押业务；

（2）探索创新开展企业年金与职业年金质押融资业务等。

温馨提示

　　个人和企业都可以将定期存款、基金、理财产品、账户贵金属、保险单、账户外汇、国债等资产作为质押品向商业银行申请质押贷款。伴随着我国有产阶层的快速扩大，整个市场潜力巨大，但客户往往不知道这些服务项目和服务内容，网点便可采取多种途径帮助中高端客户做好宣传推介、自助渠道操作培训服务。同时开辟法人企业年金和企业个人年金质押融资贷款业务；并针对正在推出的政府机关事业单位职工职业年金业务而探索研发开展职业年金质押融资服务。网点可将线下与线上结合，与总分行联动创新开展此项工作。

　　当前年金的质押还有待年金业务的持续推进和监管政策的松绑，但这一定会成为未来质押融资的一项十分重要的业务。

209 联手互联网平台，借道销售产品与提供金融服务。

标准示范：

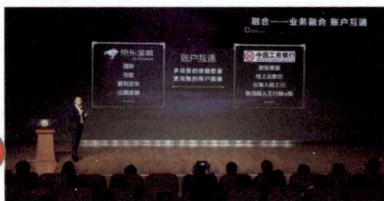 

（1）联手互联网平台；

（2）借道销售产品与提供金融服务。

温馨提示

　　工商银行联手京东、建设银行牵手阿里巴巴，使银行与互联网在创新与协调、开放与共享过程中实现互惠互赢。这种创新合作模式，顺应"新零售、新制造、新金融、新技术、新能源"的发展趋势，是强强联合和优势互补的战略之举。

有些银行产品，尤其是理财产品，完全可以借用市场上已经成熟的互联网平台进行宣介与销售，而不必另外开发销售与管理系统。这样可以实现销售量的跨越式增长。

210 积极开辟新领域，联手保险、基金、证券公司研发产品，拓展账户开立、资金汇划、投资理财与养老市场等。

标准示范：

（1）积极开辟新领域，联手保险、基金、证券公司研发产品；
（2）拓展账户开立、资金汇划、投资理财与养老市场等。

> **温馨提示**
>
> 随着市场分工细化，新领域会层出不穷，网点应积极开辟新领域。同时与保险、基金、债券通过区块链技术做一些风险可控的链接，可以大大方便客户，提高效率。这些可为网点的线上业务打开新的空间。

随着中国社会老年化的到来，养老金融必将成为未来公司业务与个人业务的重要市场，谁能抢先布局服务营销，谁就会在未来数十年甚至上百年掌握市场主动权。尤其是 2018 年国家又启动了社会养老保障第三支柱建设（个税递延），这将涉及政府、企事业单位所有干部员工（未来范围还会更广）的切身利益。网点将在个人账户开立、资金汇划，以及联手保险、基金、证券研发产品等领域大有可为。如下图所示。

二级导航

银保监发〔2018〕23号 中国银行保险监督管理委员会关于印发《个人税收递延型商业养老保险业务管理暂行办法》的通知

来源：税屋 作者：税屋 人气：3456 发布时间：2018-05-

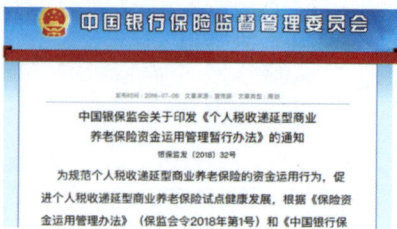

中国银行保险监督管理委员会

如何的时间：2018-07-06　文章来源：国务院　文章类型：颁布

中国银保监会关于印发《个人税收递延型商业养老保险资金运用管理暂行办法》的通知

银保监发〔2018〕32号

为规范个人税收递延型商业养老保险的资金运用行为，促进个人税收递延型商业养老保险试点健康发展，根据《保险资金运用管理办法》（保监会令2018年第1号）和《中国银行保

附件 1

打造品牌网点需要建立健全的相关制度清单

1. （第 5 条）网点厅堂机具物品定位管理规定
2. （第 12 条）网点便民服务设施管理
3. （第 22 条）网点信息发布、广告宣传管理制度
4. （第 28 条）网点消防器材、消防通道管理制度
5. （第 37 条）网点智能机具管理办法
6. （第 41 条）网点自助设备维护制度
7. （第 44 条）网点自助设备编码制度
8. （第 52 条）网点自助银行应急管理制度
9. （第 72 条）网点特殊群体客户接待沟通规范制度与工作流程
10. （第 78 条）网点自助机具吞卡、钞应急响应制度
11. （第 83 条）网点保安值守管理规定
12. （第 85 条）网点安保、保洁人员职责及管理制度
13. （第 90 条）网点防诈骗预案
14. （第 103 条）个人理财产品合规销售管理暂行办法
15. （第 106 条）理财和代销产品销售录音录像系统的管理办法
16. （第 108 条）系统客户定期联系管理规定
17. （第 111 条）对公产品服务手册
18. （第 113 条）对公账户开销户业务实施细则
19. （第 114 条）人民币结算业务操作规程
20. （第 115 条）银监会"七不准""四公开"规定
21. （第 118 条）银企对账考核办法
22. （第 119 条）网点弹性服务制度
23. （第 123 条）网点快速窗口管理规定

24. （第 124 条）网点联动服务响应机制

25. （第 125 条）网点岗位分工管理制度

26. （第 126 条）大堂经理岗位职责

27. （第 127 条）客户经理管理办法

28. （第 132 条）网点员工行为管理

29. （第 136 条）网点首问负责制

30. （第 140 条）优秀员工培养与奖励机制

31. （第 141 条）加班工资管理实施细则

32. （第 142 条）休假制度

33. （第 146 条）文明规范服务工作制度

34. （第 147 条）网点各岗位职责范围和工作要求

35. （第 150 条）文明规范服务监测制度

36. （第 153 条）客户投诉管理制度

37. （第 158 条）客户投诉处理流程

38. （第 160 条）网点服务突发事件应急预案

39. （第 164 条）服务考核办法

40. （第 167 条）录音录像监控录像的保管规定

41. （第 175 条）公平对待消费者

42. （第 178 条）特殊群体服务制度

43. （第 181 条）导盲犬进出网点管理办法

44. （第 182 条）特殊群体延伸服务制度

45. （第 184 条）客户信息保护制度

46. （第 186 条）客户身份证使用保护制度

47. （第 195 条）赈灾业务规定

48. （第 196 条）网点党建工作制度

49. （第 198 条）网点服务文化建设制度

50. （第 199 条）网点服务文化传承

附件 2

百佳、千佳、星级网点申报与评审一般流程

一、机构定位分工

中国银行业协会（以下简称中银协）是中国银行业营业网点文明规范服务百佳和千佳示范单位，以及星级管理工作的领导机构。负责文明规范服务示范单位创建评选和星级银行网点评定工作的总体设计、考核评价体系制定、比例控制及定级命名；负责制订年度评选工作方案，审核网点推荐申报材料，开展网点检查测评，审定网点名单，规范网点牌匾统一样式，开展网点日常监督、动态管理及推广交流等工作。

商业银行总行是营业网点示范单位和星级管理工作的系统组织机构。负责配合中银协制定网点评价体系，制订系统内评定实施方案和考核激励机制，推动辖内机构持续提升文明规范服务工作水平，商业银行分支机构负责组织辖属营业网点参加示范单位和星级网点申报工作，配合中银协开展网点检查考核和达标测评，对系统内网点进行日常监督及动态管理，收集整理评定工作意见和建议，在系统内开展示范单位、星级网点创建工作经验的交流传播。

地方银行业协会是营业网点示范单位和星级管理工作的联动机构。负责制订并组织实施本地区评定工作方案、名额分配计划和评定流程，同时报中银协备案；根据中银协授权，按照中银协评定工作方案和要求，负责本地区网点推荐工作，组织辖内营业网点自荐申报，开展网点候选单位检查考核，向中银协推荐网点候选单位并报送申报材料，配合中银协开展网点达标测评，统一管理网点牌匾制作、悬挂，对辖内网点进行日常监督及动态管理，并负责收集整理示范单位和星级评选工作意见。

二、示范单位与星级网点申报资格

（一）申报星级银行网点应同时具备的条件

1. 商业银行辖属单点式营业网点。

2. 经监管部门批准取得金融许可证和营业执照，具有独立经营场所的营业网点。

3. 正式营业两年以上。

（二）申报千佳银行网点应同时具备的条件

1. 商业银行辖属单点式营业网点。

2. 经监管部门批准取得金融许可证和营业执照，具有独立经营场所的营业网点。

3. 正式营业两年以上。

4. 全国银行业五星级银行营业网点。

（三）申报百佳银行网点应同时具备的条件

1. 商业银行辖属单点式营业网点。

2. 经监管部门批准取得金融许可证和营业执照，具有独立经营场所的营业网点。

3. 正式营业两年以上。

4. 全国银行业千佳银行营业网点。

三、银行网点自荐申报

具备星级网点申报资格、自测达标的营业网点，自愿逐级向当地银行业协会填报《＿＿＿＿申报表》等申报材料。网点所在省、自治区、直辖市或计划单列市的最高一级管辖机构负责审核申报网点违法、违规、违纪情况，出具对申报网点的管理、服务、业绩，以及网点主要管理人员廉洁自律、合规经营的总体评价材料。若是申报全国银行业文明规范服务百佳或千佳示范单位，则需要申报银行网点所在省（自治区、直辖市）或计划单列市银监局出具当年合规性审核意见。

除按规定要求申报外，网点申报百佳、千佳以及星级网点，最好是按200条标准逐一对照地做一本达标册子，这对改进服务、提升竞争力等很有帮助。与此同时，再做一个 5~8 分钟的"创建"视频，这对鼓舞士气和迎接后续考评检查很有用处。这会带给人听觉、视觉和感觉上的冲击。

四、地方银行业协会考评审核

地方银行业协会组织辖内考核验收组，统一组织对申报网点进行考核评价，并定期完成以下相关工作：

（一）统一组织对申报网点进行检查考核，以实地检查工作评价结果为基础，科学评定参评网点的文明规范服务工作水平，确保推荐网点考核达标，并具有相应层级的代表性和示范性。

（二）考核验收的具体内容统一为中银协的《中国银行业营业网点文明规范服务考核评价体系（CBSS1000 3.0)》，检查方式有现场检查与非现场检查。现场检查采取公开检查、员工问答等形式；非现场检查采用座谈交流、查验材料、调阅监控录像等形式。

（三）检查组一般由商业银行文明规范服务管理工作专业人员组成，每个检查组一般不少于 3 人。

（四）地方银行业协会一般按照中银协分配的数量，并结合该单位践行服务相关行规行约情况，确定本地区当年推荐名单。

（五）地方银行业协会按照名额分配数量，提请地方银行业协会理事会审议当地当年文明规范服务百佳，或千佳，或星级营业网点候选单位名单。

五、中银协资格审定

中银协将各地方银行业协会推荐的中国银行业文明规范服务百佳或千佳示范单位，或星级营业网点名单提交给各总行，并就申报候选单位名单听取该单位所属总行意见。

六、中银协巡检

中银协一般采取现场检查与非现场检查相结合的方式，对地方银行业协会推荐的申报单位统一进行巡检。现场检查采取公开检查、员工问答等形式；非现场检查采用座谈交流、查验材料、调阅监控录像等形式。检查的具体内容仍然是《中国银行业营业网点文明规范服务考核评价体系（CBSS1000 3.0）》。

七、中银协考评审议

根据候选单位申报、地方银行业协会推荐、总行复审意见、巡检等情况的综合评价，提交中银协自律工作委员会审议，最终审定百佳，或千佳，或一星至五星级网点名单。

八、颁奖表彰

中银协印发表彰决定，通过网站、报刊等媒体向银行业内和社会进行公告，组织开展文明规范服务百佳或千佳示范单位，或星级银行网点授牌表彰活动，并颁发证书。

九、动态管理

百佳有效期4年、千佳有效期2年，百佳、千佳牌匾上有服务监督电话。在有效期内若发生重大恶性事件，造成银行资产或声誉重大损失的将进行摘牌处理。有效期过后可重新参与申报评选。

星级网点实行年度申报、年检审核。星级网点经年检或抽查合格长期有效。中银协对星级网点进行动态管理。已命名的星级网点，根据服务提升情况，在符合评定条件的基础上，在评定年度按规定申报流程，可逐级向上申报星级。已命名的星级网点，对于发生下列违法、违规、违纪事件或文明规范服务工作水平明显下滑或重大负面影响的星级网点进行降级或摘牌，并在业内通报：

1. 中银协巡检环节考核评价不合格或未达到相关要求的；
2. 网点和从业人员发生违法、违规、违纪行为，被有关部门查处的；
3. 发生被银行监管部门确认案件的；
4. 高管人员被监管机构处罚的；
5. 发生50万元以上（含）资产损失事件的；
6. 发生重大责任事故、业务差错、经营风险等，造成严重损失，被上级单位或有关部门查处的；

7. 发生服务质量的重大投诉，或被新闻媒体曝光，造成严重负面影响，经调查情况属实的。

被降级的网点两年内不得升级。被取消命名的网点，4 年内不得申报星级网点。

附件 3

关键数字索引

1——21. 营业窗口、柜台之间设置遮挡板、一米线等相当功能设施，形成相对独立的客户办理业务区域。

1——43. 自助服务区域配备数量满足客户需求、具备存取款功能的自助机具（其中至少有一台为存取款一体机），一台（含）以上具有缴费、补登折等至少一种功能的自助机具，摆放合理。

1——48. 自助服务区域设置一米线等保护客户隐私的功能设施，各机具之间设置遮挡板，或设置封闭、客户独立使用的安全仓及安全区域。

1——53. 在营业厅、理财（代销）产品销售、贵宾及自助服务区域显著位置通过至少一种方式，向客户公示本区域常用服务价格及免费服务项目表，标识醒目，中英文对照，字体清晰，便于查阅；通过电子屏显渠道公示的，翻页及时。

1——79. 客户在办理业务时，大堂服务人员及时劝导、避免其他客户进入一米以内距离区域的围观、等候行为（同行人员需征得客户同意），有效保护客户隐私，维护营业秩序。

1——96. 贵宾（理财）服务区域分区合理、功能齐全，服务区域内实现一对一专属服务，客户私密保护措施到位。

1——151. 指定人员每天对各区域进行 1 次服务巡检，记录完整。

1——157. 客户意见簿真实完整记录客户意见、建议及回复信息，页码连续、内容完整、格式规范；按年归档保管，一年以内的意见簿可随时调阅。

1——180. 设置至少一种便于视力障碍客户办理业务的服务设施；已使用新媒体设备整合密码输入功能的营业网点，至少配备一台有定位点的传统按键式密码输入器。

1——194. 积极支持公益、慈善事业，组织开展扶贫帮困、社会志愿者服务、助老助残、助学支教、无偿献血、送温暖工程等至少一类相关公益活动。

2——39. 为客户提供移动金融、微信银行、电商平台、社交营销等至少两种互联网金融服务。

2——71. 大堂服务人员主动进行二次分流，及时响应并解决客户诉求，提供必要的安抚服务，预防投诉发生。

2——98. 贵宾（理财）服务区域常备至少 2 种饮品，工作人员主动询问客户饮品需求。

2——126. 配备至少两名大堂经理等服务引导人员，并能保证营业时间始终在岗；定编超过 25 人的网点有相当于网点副职级别的大堂服务人员承担现场服务管理职责。

2——170. 连续两年网点业务规模（对公及对私存款日均余额、对公及对私客户数量）、重要产品营销能力（至少两种）在上一级管辖行系统内排名前列。

2——171. 连续两年完成上级行下达的存款（对公、对私）、贷款（对公、对私）、中间业务收入、营业收入、净利润等主要业务经营指标。

2——172. 连续两年电子银行总体业务分流率达到 80% 以上。

2——173. 连续两年年人均综合经营税后利润达到 50 万元以上。

2——174. 连续两年年度不良贷款率及不良贷款余额控制在上级行要求的指标内。

2——82. 安保、保洁人员规范着装，仪容仪表符合上岗规范。

2——192. 落实国家产业政策，积极支持绿色信贷、节能环保、小微企业、涉农项目、科技创新型企业、养老金发放、个人助业、个人助学、保障性住房、消费贷款、地区扶贫等至少两类项目。

3——185. 未经消费者授权，不得向第三方机构或个人提供消费者的姓名、证件类型及证件号码、电话号码、通信地址及其他敏感信息；未经消费者同意，不得以各种形式向其推送各类服务和产品信息；无违规查询个人信用信息、盗用他人身份信息、损害他人信用记录的行为。

5——38. 提高智能科技应用和资源配置效率，为客户提供多渠道预约、预处理、自助开户、远程银行（VTM/ITM）、智能互动桌面、人脸识别、直销银行、自助缴费、自助理财、自助结售汇、自助外币兑换、无卡取款等至少五种智能化服务功能，促进服务流程优化。

6——12. 配备六种（含）以上常用便民服务设施，放置适当，摆放有序，方便使用，保持整洁，无安全隐患。

24——42. 自助服务区域与营业厅内部连通或在同一建筑内，24 小时提供服务，外部标识醒目、规范、整洁，中英文对照。

24——80. 营业结束后，网点及时关闭非 24 小时值机设备电源。

24——156. 对客户意见簿上的客户意见、建议 24 小时内响应，并对留有电话信息的客户在规定时间内予以回复、回访。

25——126. 配备至少两名大堂经理等服务引导人员，并能保证营业时间始终在岗；定编超过 25 人的网点有相当于网点副职级别的大堂服务人员承担现场服务管理职责。

30——4. 提供客户机动车停车位，据实设置非机动车停车区或无障碍停车位；网点外设置无障碍通道等相当功能服务设施，公示求助电话或设置呼叫按钮，标识醒目，确保响应及时；无障碍通道坡度小于 30 度，无安全隐患，通行顺畅，便于使用。

参考文献

［1］中国银行业协会．关于印发《银行业营业网点文明规范服务评价指标体系和评分标准》团体标准的通知［Z］．2018－05－22.

［2］中国银行业协会．关于印发《银行业营业网点文明规范服务评估工作管理办法》的通知［Z］．2018－05－23.

［3］中国银行业协会．中国银行业营业网点文明规范服务考核评价体系（CBSS1000 3.0）［Z］．2017－05－24.

［4］中国银监会．银行业金融机构销售专区录音录像管理暂行规定［Z］．2017－08－29.

［5］中国银监会．银行业金融机构消费者权益保护工作考核评价办法［Z］．2016－09－14.

［6］周永发．服务创造价值　服务提升银行网点竞争力［M］．北京：中国金融出版社，2016.

［7］周鸿祎．我的互联网方法论［M］．北京：中信出版社，2014.

［8］湖北省农村信用社联合社．营业网点文明规范服务手册［M］．2014.

［9］［美］克里斯托夫·H.洛夫洛克著；陆雄文、庄莉主译．服务营销（第三版）［M］．北京：中国人民大学出版社，2001.

［10］［美］扬米·穆恩著；王旭译．哈佛最受欢迎的营销课——如何打出脱颖而出的品牌［M］．北京：中信出版社，2012.

致　　谢

　　首先，感谢中国银行业协会和中国银行业自律委员会，感谢各会员银行及省（自治区、直辖市）银行业协会，感谢中国银行业协会自律部全体同仁及各行服务专家。在中国银行业协会领导和中国银行业自律委员会的正确决策下，我和自律部同仁及各行服务专家共同起草制定了《中国银行业营业网点文明规范服务考核评价体系（CBSS1000）》，并不断进行版本升级。难忘和我的同仁们共同工作的每个日子，这是我一直以来想写本书的缘由之一。十年来，百佳、千佳和星级网点等品牌引领着银行网点不断改进服务和提升竞争力，甚至引领了社会服务行业的文明进步，其建设历程应该以某种文字形式记载下来，我和我的团队也为之倾注了那些岁月所有的心血，这是我决心写本书的缘由之二。

　　其次，要感谢全行业众多银行网点积极参加百佳、千佳和星级网点的创建工作，是它们的积极参与，才培育和锻造出了这个品牌，创造了银行和社会的双重价值，以下这些"百佳"等品牌网点就是它们中的佼佼者。在本书的写作过程中得到了这些网点负责人和员工的大力支持，在这里我必须逐一表示谢意，它们是中国工商银行北京海淀西区支行营业室、北京广安门支行营业室、太原五一路支行营业室、哈尔滨田地支行营业室、扬州分行营业部、上海分行营业部、苏州高新技术产业开发区支行营业部、济南大观园支行、郑州郑花支行、武汉汉阳支行营业室、武汉十九街支行、海口国贸支行营业部、成都高新技术产业开发区支行营业部、成都春熙支行营业室、昆明南屏支行营业室、贵阳云岩支行营业厅；中国农业银行厦门市分行营业部、重庆江北支行营业部、苏州工业园区支行营业部；中国银行北京分行营业部、河南省分行营业部、湖南省分行营业部；中国建设银行贵阳河滨支行、沈阳融汇支行营业室、浙江南浔支行、郑州自贸区分行营业部；交通银行北京林萃路支行营业室、西单支行营业室、河北省分行营业部、太原高新区支行、沈阳南塔支行、上海浦东分行营业部、山东省分行营业部、常德分行营业部、重庆江北支行营业厅、重庆东和春天支行、贵阳观山湖支行、贵阳瑞北支行、延安分行营业部、青海省分行营业部；中国邮政储蓄银行黔东南州分行营业部；中信银行北京分行营业部、浙江台州分行营业部、杭州萧山支行、沈阳北站支行、郑州郑汴路支行、重庆分行营业部、贵阳分行营业部；招商银行沈阳经济技术开发区支行、哈尔滨分行营业部、西安城南支行；浦发银行北京分行营业部、上海第一营业部、南京城中支行、南昌分行物华支行、贵阳分行营业部；华夏银行北京分行营业部、太原桃园南路支行、温州谢池支行、昆明高新支行；民生银行北京分行营业部、重庆分行营业部；中国光大银行南宁分行营业部；兴业银行哈尔滨分行营业部；恒丰银行杭州分行营业部、苏州分行营业部、西安分行营业部；广发银行济南分行营业部；北京银行济南分行营业部；江苏银行无锡分行营业部；富滇银行昆明岔街支行；重庆银行营业部；兰州银行营业部；温州龙湾农商银行。

感谢优秀的全国明星大堂经理们，他（她）们是网点大厅的精灵，他（她）们以优良品格、专业素养和微笑服务率先接触客户，给了客户亲切的好印象。他（她）们文明规范、热情周到、专业到位的服务为网点增添了风采，在客户中树立了口碑，为网点获客和黏客做出了杰出贡献。历届全国明星大堂经理中的"财富之星""魅力之星""微笑之星"和"亲善之星"更是明星中的明星，他（她）们的诞生每届都经历了"魔鬼"式的训练，凤凰涅槃，终生难忘。他（她）们对本书的写作做出了积极的贡献，我要一一感谢的是中国建设银行山东济宁高新支行张烨和郑州自贸区分行营业部杜颜君、浦发银行上海第一营业部孙敏和郑州分行营业部张悦、兰州银行营业部王小瑜、云南农信社昆明官渡农合银行陈曌杰、山西省农村信用社王琦、大连银行第一中心支行毕少康、华融湘江银行陈柔汕、招商银行上海分行晨晖支行王奕、兴业银行广西柳州支行王馨妮，以及湖北省农村信用社联合社的大堂经理等。也要感谢书中众多理财经理、柜台员工的支持。

还要特别感谢中国残联副主席吕世明和东城区盲人协会主席陈燕，他们亲自参与和体验了网点服务，并指导了网点特殊群体客户服务和无障碍服务，使网点特殊群体客户服务和无障碍服务水平有了大幅提升，在这方面为本书增添了不少素材与光彩。

最后，感谢中国金融出版社对本书出版发行的大力支持，特别是刘钊主任与曹亚豪、吕颖等亲自为本书进行编辑与设计，投入了相当多的精力和心血，在此向刘钊主任及相关工作人员表示诚挚的谢意。